La relation énigmatique
entre philosophie et politique

# 투사를 위한 철학

**알랭 바디우** 지음 | 서용순 옮김

## Alain Badiou

### 정치와 철학의 관계

# La relation énigmatique
# entre philosophie
# et politique

오월의봄

이 책의 첫 번째 텍스트는 2010년 10월 22~24일에 파리의 울름rue d'Ulme 가에 있는 고등사범학교Ecole Normale Superieure와 코르들리에 캠퍼스Campus des Cordeliers(파리 6대학)에서 진행되었던 강연의 일환으로 23일 있었던 알랭 바디우의 강연문을 전재한 것이다. 알랭 바디우는 이 텍스트에 대한 보완 역할을 할 법한 두 개의 다른 강연 텍스트들—〈병사의 형상〉과 〈정치: 비표현적인 변증법〉—을 연결시키고자 하는 반가운 생각을 전해왔다. 그에게 깊은 감사를 표한다. 그리고 이 책을 출판하는 데 모든 면에서 결정적이고 친절한 도움을 준 이자벨 보도즈Isabelle Vodoz에게도 역시 감사를 표한다.

# 차례

# 다른 가능성을 모색하는
# 철학적 사유

## 1.

세 가지 강연으로 구성된 이 책의 원제는《철학과 정치의 수수께끼 같은 관계La relation énigmatique entre la philosophie et la politique》이다. 이 책이 영어로 번역되면서《투사를 위한 철학Philosophy for Militants》이라는 제목이 붙었고, 독자들이 한국어로 대하게 될 이 번역본은 영어 번역본의 제목을 따른 것이다.* 본문에서 확인할 수 있는 것처럼 첫 번째 강연인 〈철학과 정치의 수수께끼 같은 관계〉는 2010년 파리에서 진행되었고, 두 번째 강연인 〈병사의 형상〉은 2006년에 미국 캘리포니아 대학에서, 세 번째 강연인 〈정치: 비표현적인 변증법〉은 2005년 영국의 버벡 인문학 연구소에서 진행되었다. 이 강연 원고들은 비교적 최근에 개진된 바디우의 입론들을 그 내용으로 하고 있으며, 바디우의 고유한 이론적 정향을 보여준다. 물론 이 세 가지 글은 모두 독립적이면서도 상호 보완적이다. 그렇기에 독자들은 그의 논의를 따라가면서 정치에 대한, 좀 더 정확히 말해 정치적 진리에 대한 바디우의 가장 구체적인 생각들을 접할 수 있을 것이다.

일단 텍스트를 열어젖혔을 때, 독자들은 명쾌하게 전개되는 구체적인 논의와 만나게 된다. 군데군데 난해한 구절들도 눈에 띄지만, 기본적인 내용들은 대단히 명쾌하다. 이 책이 독자들에게 '바디우는 어렵다'는 고정관념을 깨뜨리는 계기가 될 것이라 기대할 수 있을 것 같다. 《사랑 예찬》과 같이 수월하게 읽히는 작품도 있지만, 사실 그의 저작 대다수는 상당히 난해하다. 그러나 꼭 그런 것만도 아니다. 실제로

---

\* 'militant'는 정당이나 조합 조직의 열성적인 활동가 내지는 투사를 말한다. 그보다 더 심층적으로 이 말은 무엇인가에 대한 강한 확신을 가지는 동시에 그 확신을 행동으로 옮기는 데 주저함이 없는 사람을 지칭한다. 그런 점에서 'militant'는 고전적인 '혁명 투사'의 모습을 가리킨다고 할 수 있다. 바디우는 이 말을 상당히 즐겨 쓴다. 그것은 이 단어가 강한 확신과 함께 그 확신에 대한 실천을 과감하게 밀고나가는 진리의 주체, 포기하지 않고 자신의 믿음을 끝까지 견지하는 주체의 모습을 그대로 포함하고 있기 때문이다. 나는 영어 제목이 이 글의 특징을 더 잘 드러낸다고 생각하여, 그 제목을 그대로 채택하였다.

바디우의 최근 저서들은 이전에 비하면 상당히 쉽게 읽힌다. 물론 어려운 부분이 없는 것도 아니고, 상당한 노력을 기울여야만 돌파할 수 있는 부분도 있다. 그러나 기본적으로 바디우가 이야기를 끌고 나가는 방식은 상당히 구체적이고 명료하다. 논리적인 명확성에 비추어 그의 이야기를 따라간다면 대부분의 독자들은 그 난점들을 충분히 극복할 수 있을 것이라 믿는다.

그러나 그것이 다는 아니다. 표면에 드러나지 않고 잠재해 있는 논점들 역시 상당히 많다. 많은 '철학자'들이 그런 것처럼, 바디우의 글쓰기는 압축적이다. 중요한 문구 하나하나는 다른 문제들을 담고 있고, 그것을 통해 다른 지평으로 나아가는 것이 가능하다. 말하자면, 문구 하나하나가 모두 긴 글의 주제가 될 수 있을 정도로 바디우의 글쓰기는 여러 가지 문제를 아우르고 있다. 실제로 우리는 바디우의 주장을 통해 다른 지평으로 가닿을 수 있고, 또 다른 종류의 이론적 접근을 시도할 수 있다. 그렇게 바디우의 책은 언제나 많은 영감을 준다. 이 철학은 단순히 '써먹기 좋은' 철학이 아니라, 이전과는 다른 사유를 가능하게 하는 훌륭한 지렛대이다. 잠재해 있는 논점들을 발견하고 그것을 통해 다른 사유의 장으로 나아가는 것은 철저하게 독자의 몫이다. 물론 쉽지는 않겠지만, 독자들은 바디우의 사유와 맞닥뜨리면서 실제적인 삶을 위한 다른 가능성을 발견할 수 있을 것이다. 그리고 그것을 통해 그동안 당연하다고 생각했던 가치들에 의문을 제기하고, 우리에게 당연한 것으로 주어진 이 질서를 문제 삼는 데까지 나아간다면 그것은 최상의 결과다. 만약 어디선가, 아주 드물게 그런 일이 일어난다면, 이 번역은 그 역할을 다한 것이리라.

그러나 다음과 같은 질문을 던지는 사람들은 반드시 있다. 왜 그래야 하는가? 철학이 왜 각자의 삶에 개입해야 하는가? 철학책을 읽으며 그저 자그마한 삶의 위안을 얻으면 되는 것 아닌가? 아마 바디우의 철학에 대한 많은 반감들은 이러한 것들이라 여겨진다. 실제로 많은 사람들이 바디우의 철학을 접하면서 무언가 강요받고 있다는 느낌을 받는다. 폭력적이라고 느낄 수도 있다. 사실이다. 바디우는 강하게 단언하고, 확신에 차 선언한다. 이 철학자는 그저 충격을 준다. 그의 철학에서 우리는 2013년이라는 현 시점을 지배하는 '힐링'도 찾을 수 없고, 모두가 희생자라는 그럴듯한 위무도 발견할 수 없다. 바디우는 사태를 냉정하게 분석하고, 그 상황을 더욱 악화시키기 위해 노력한다. '희망에 찬(?)' 개혁주의자에게 찬물을 끼얹고, '양심적인(?)' 민주주의자의 비겁함을 드러낸다. 그는 편하지 않다. 그의 책을 읽는 것이 힘든 진짜 이유는 그 사유의 난해함에 있는 것이 아니라, 그 사유의 불편함에 있다. 그가 말하는 것은 실제 아주 간단하다. 자기 자신의 삶을 살아가라는 것이다. 자기 자신을 반복적인 자동성에 맡김으로써 스스로를 방치하지 말고, 진리를 확신하는 주체의 삶, 이념을 지닌 삶을 살아나가라는 것이다. 그리고 그것은 대단히 피곤한 삶이다. 대부분의 사람들은 그러한 삶을 그다지 좋아하지 않는다. 피곤하고 머리 아프다. 그런데 그 피곤함을 감내하고, 끊임없이 생각하라고 말한다. 그것만이 인간이 인간으로 남는 길이란다. 그 길을 포기하면, 그저 우리는 '먹고사는' 데만 신경 쓰는 인간-동물에 머물 뿐이란다. 기분이 좋을 리 없다. 사람들은 철학에게 길을 보여달라고 이야기하지만, 그 길이 마음에 들지 않으면 왜 그런 길을 강요하느냐고 역정을 낸다. 달면 삼키고, 쓰면 뱉는다. 그뿐이다.

이런 점을 부각시키면 바디우는 모든 세속적인 것을 멀리 하는 엄숙한 철학자로 받아들여지기 쉽다. 뭔가 초월적인 것으로 가득 찬 철학자로 여겨질 수도 있다. 그러나 그렇지 않다. 그는 유한한 삶의 기쁨 역시 인정할 줄 안다. 그는 엄숙주의와는 거리가 먼 철학자다. 바디우에게 인간은 무한을 사유할 능력이 있는 동시에 유한의 기쁨을 누릴 줄 아는 존재이다. 어쩌면 인간은 자신의 유한함을 받아들이는 동시에 무한의 가능성을 끊임없이 사유하는 존재인 것이다(주체가 된다고 해서 인간 동물에서 완전히 벗어나는 것은 절대 아니라는 점을 상기하자). 이는 결코 유한을 완전히 극복하고 무한으로 나아가는 종교적 초월과 동일시될 수 없다. 오히려 무한은 유한 속에 내재해 있는 소진되지 않는 가능성이다(언젠가 이 유한과 무한에 대한 바디우의 사유를 어떤 형식으로든 제시해야 할 것이다).

그렇게 바디우의 철학은 파악하기도 쉽지 않고, 받아들이기도 쉽지 않다. 게다가 이 철학에는 미묘한 구석이 있어, 결코 어느 쪽으로 갈라치기 쉽지 않다. 그래서 바디우의 철학을 정확히 이해하는 것은 상당한 시간과 노력을 요구한다. 어느 한 면만을 보게 되면 오해하기 십상이기도 하다. 이런 경우 가장 필요한 것은 텍스트의 흐름을 면밀히 검토하면서 그 흐름 속에서 나타나는 중심적인 개념들을 소화하려는 시도다. 이 텍스트가 포함하고 있는 논리적 구성을 정확하게 파악하고, 그 가운데 나타나는 중심 개념들을 포착한다면, 바디우의 정치적 사유를 정확하게 이해하는 데 그다지 큰 어려움은 없을 것이라 생각한다.

## 2.

　내용에 대한 불필요한 해석을 가하는 것보다는, 이 짧은 책의 몇 가지 중심 테마와 그 테마가 우리에게 던지는 문제들에 대해 언급하는 것으로 후기를 대신하도록 하자.

　철학과 정치의 관계를 논하면서 민주주의를 비판적으로 검토하는 첫 번째 강연은 철학에서 출발하여 공산주의에 도달하는 빠른 흐름을 보여준다. 우리가 주목해야 하는 것은 철학에 대한 바디우의 독특한 관점이다. 바디우는 철학을 실천적 행위로 규정한다. 철학은 언제나 분리의 몸짓 안에 있다. 그것은 어떤 반복적인 행위, 분리의 형식 안에 있는 반복적 행위이다. 철학은 항상 참과 거짓을 분리하고, 선과 악을 분리하고, 세계를 바라보는 관점들을 분리한다. 그러한 분리를 통해 기존의 규범과 낡은 질서를 지적인 수준에서 전복시키는 것이 철학이다. 결국 철학은 본질적으로 실천의 층위에서 파악되어야 한다. 새로운 철학은 항상 새로운 실천의 문제를 제기하고, 삶의 조직을 변경시킨다. 철학사 전체는 이러한 과정의 반복이며, 그 속에서 철학은 불변적이다. 그러한 분리 속에서 철학은 지배적 질서와는 다른 질서를 제시하면서 새로운 규범을 창조한다. 그리고 이 모든 새로움의 근원은 진리라고 말해야 할 것이다. 철학은 새로운 질서의 창조를 위해 진리를 사유하는 것이다. 정확하게 말해 철학이 제시하는 새로운 질서, 새로운 위계는 새로운 진리의 출현에서 비롯되는데, 이는 어느 시대의 철학에서나 공통적이다. 진리의 영향력 아래에 있는 새로운 철학은 항상 새로운 규범의 창조를 선언하는 것으로 귀착되곤 했다. 모든 전회―플라톤의 수학적 전회, 비트겐슈타인의 언어적 전회, 레비나스의 윤리적 전회 등등―는 항상 새로운 규범으로 연결되고, 세계를 파악하는 다른 시각을 제시한다. 그것은 새로운 사건의 결과를 수용하는 가운데 이루어진 사유의 전회일 따름이다. 새로운 방식의 분리와 그것을 통한 규범의 전복은 진리에 대한 사유의 결과라 할 수 있다. 바디우는 이를 통해 철학을 행위의 질서에 속한 것으로 규정한다. 철학적 행위란 질서를 변경하려는 모험적 행위이고, 그것은 기존 질서의 완강한 저항에 노출될 수밖에 없다. 그렇게 철학은 '고급 교양'과는 거리가 멀다. 오히려 그것은 위험한 실천이다. 모든 비난과 조롱, 왜곡과 탄압에 정면으로 맞서는 위태로운 실천이 바로 철학인 것이다.

이러한 바디우의 테제들은 오늘날 우리의 상황, 철학이 그 기능을 완전히 상실한 우리의 상황을 되돌아보게 만든다. 흔히 철학은 소비된다. 때로는 교양으로서, 때로는 지식으로서 철학은 소화되고 소비된다. 그리고 그뿐이다. 'CEO를 위한 인문학'과 같이, 오늘날 이 사회에서 정형화되고 있는 그런 소비 행태는 그저 철학을 조잡한 액세서리로 만들 뿐이다. 일반적으로 사람들은 철학을 그저 자신의 교양 수준을 과시하는 수단으로만 생각한다. 확실히 그것은 액세서리다. 비실용적인 학문이라는 이유로 아카데미에서 추방당하거나 철저히 주변화되는 철학의 현실이 그것을 명확하게 말하고 있다. 아카데미에서 철학을 전공하는 이들은 그러한 행태에 탄식하면서, 그저 어쩔 수 없다고, 오늘날 철학이 생존하는 길은 그 교양의 요구에 굴복하는 것뿐이라고 무력하게 수긍하곤 한다. 현실을 개탄하며 깊을 한숨을 토하는 것으로 자신의 할 바를 다했다고 생각하는 것은 아닌가 하는 의문을 지우기 힘들다. 그러나 중요한 것은 그 현실을 앞에 두고 무력감에 빠지거나, 아카데미에서의 철학의 지위를 유지하기 위해 그 현실과 영합하는 것이 결코 아니다. 철학이 정체되고 있다면, 그것을 넘어 철학이 고사하고 있다면, 우리에게 필요한 것은 다른 가능성을 모색하는 일이다. 그 가능성을 멀리서 찾을 필요는 없다. 바로 바디우가 적시하는 철학의 가능성, 다시 말해 주체적 행위로서의 철학이야말로 철학이 늘 가지고 있으면서도 가장 망각하기 쉬운 가능성이다.

철학은 늘 지배적인 질서에 대한 적극적인 개입, 새로운 규범의 창조를 통한 질서의 역전 가능성을 제기하는 개입의 장이다. 오늘 우리에게 필요한 것, 철학자들에게 필수적인 것은 바로 그러한 실천의 영역으로 들어가는 것이다. '젊은이들을 타락시키는 것', 다시 말해 젊은이들로 하여금 지배 질서와는 다른 새로운 질서를 모색하게 하는 것, 기존 질서와는 다른 새로운 규범적 질서의 창조야말로 그 임무라고 말하는 바디우는 우리로 하여금 "실천적 사유"를 지켜나갈 것을 요구한다. 혹자는 모든 것이 무너졌고, 사유는 패배했다고 말하겠지만, 사유가 그리 쉽게 사라지지는 않는다. 오늘 우리에게 필요한 것은 철학을 제자리로 가져가는 일이다. 물론 아카데미에서의 철학의 기능 역시 필요할 것이다. 그러나 아카데미에 안주하는 것만을 철학의 유일한 가능성으로 간주한다면, 철학은 아카데미에서조차 존재할 수 없을 것이다. 철학이 어디에 있건, 철학에게 주어진 운명은 바로 그러한 실천의 운명이다.

## 3.

두 번째 강연인 〈병사의 형상〉은 영웅의 형상에 대한 검토이다. 여기서 바디우는 오늘날 영웅의 형상이 소멸했다는 선언도, 종교적 희생이라는 낡은 형상의 복귀도 받아들일 수 없다는 점을 분명히 한다. 이는 모든 창조적 차원이 붕괴되었음을 인정하는 것에 다름 아니다. 그래서 바디우는 새로운 영웅적 형상을 창안해야 한다고 말한다. 그것을 위해 바디우는 20세기를 관통하는 혁명적 시퀀스의 영웅적 형상인 병사의 형상을 홉킨스와 스티븐스의 전쟁시를 통해 검토한다. 병사라는 형상은 전쟁으로부터 나온 형상이고, 그 전쟁은 모든 참혹함을 끝장내기 위한 혁명의 경로이다. 바디우가 《세기Le Siècle》에서 자세히 논구하는 것처럼, 지난 20세기는 전쟁의 세기, 모든 전쟁을 끝장내기 위한 '최후의 전쟁'이 벌어졌던 세기였다. 결국 그 전쟁에서의 영웅은 병사다. 바디우에게 병사란 진리에 포획된 인간을 그대로 보여주는 은유라고 할 수 있다. 그 주체는 모두를 위한 예이며, 새로운 가능성의 창조이고, 내재적 불멸성의 예증인 것이다. 모두를 위한 것, 새로운 가능성, 내재적 불멸성 등이 모두 진리를 가리키는 기표라고 할 때, 병사란 20세기를 특징짓는 혁명적 시

퀸스가 보여주는 인간을 넘어선 인간, 비인간적인 것이 갖는 위험/풍요 안에서 창조된 인간성의 상징적 재현으로서의 영웅적 형상인 것이다. 바디우는 이 병사의 형상 속에서 한계를 넘어 무언가를 창조하는 현대적인 상징을 발견한다. 그러나 결론은 신중하다. 전사의 형상이 과거의 것인 것처럼 병사의 형상 역시 지나간 시대에 속한다. 스티븐스는 '최후의 전쟁'을 수행하는 병사의 상처와 죽음을 통해 여름과 태양의 존속을 노래하지만, 전쟁은 어두운 살육일 수 있고, 홉킨스가 병사에게 부여했던 기독교적인 이미지(죽음과 부활의 행위를 반복하는 병사) 역시 신이 죽어버린 오늘날(확실히 신은 죽었다. 그러므로 어떤 역할도 할 수 없다. 자신을 죽음으로부터 구원하지 못한 신은 그저 애처로운 꼭두각시일 뿐이다) 무용한 상징일 수밖에 없다. 결국 우리는 병사라는 영웅의 형상을 뒤로 하고, 새로운 상징적 형식들을 창조해야 한다고 바디우는 말하고 있다.

바디우는 과거의 전사, 고유명을 갖는 고귀한 존재로서의 전사와는 전혀 다른 현대적 형상, 무명용사로서의 병사의 형상에 주목한다. 어쩌면 바디우의 주체를 가장 잘 표현해주는 것이 바로 무명용사로서의 병사, 고유명 없는 주체로서의 병사일 수 있다. 그러나 이 형상은 과거에 속한 것이다. 우리에게는 이 형상을 벗어나는 새로운 상징이 필요하다. 바디우는 전쟁 속에서 등장할 수밖에 없는 병사의 형상 그 자체의 외부에서 진리에 포획된 인간의 상징을 구하고자 하는 것이리라. 그 상징, 말하자면 인간성의 새로운 형상은 진리 안에 있는 인간의 형상임에 틀림없다. 그가 이 강연의 서두에서 말하는 것처럼, 삶 속에서 우리에게 주어진 한계를 뛰어넘는 가능성이 주어지는 것은 진리를 통해서이기 때문이다. 그 상징을 구하는 일은 진리를 옹호하고, 새로운 정신적 배경을 찾는 과정이다. 어쩌면 그것은 새로운 희망의 자리를 마련하는 노력이라고 말할 수도 있을 것이다. 정확하게 우리에게 없는 것이 바로 그 희망이다. 그러나 희망은 거저 주어지지 않는다. 《사도 바울》에서 잘 드러나듯이, 바디우에게 희망이란 진리에의 인내를 통해 가능한 것이기 때문이다. 어떤 지속을 통해 새롭게 얻게 될 희망은 결코 우리에게 저절로 주어지는 것이 아니라, 진리에 대한 믿음을 통해 힘겹게 얻어질 것이다. 절망으로 점철된 것 같은 오늘의 세계에서, 이 희망을 찾는 일은 무척 힘들고 요원하다. 그러나 또한 이 일은 포기할 수 없는 일이기도 하다. 오늘날 많은 주체들에게 '주어진 길'이란 없다. 그 길은 만들어져야 하는 길, 아무도 가본 적인 없는 미증유의 길이다. 새로운 상징을 찾는 것은 바로 그 길을 포기하지 않는 데서 출발한다.


4.


　바디우의 세 번째 강연은 재현의 논리에서 벗어난 정치에서의 비표현적 변증법의 문제를 다룬다. 마르크스-레닌주의의 이름으로 행해졌던 혁명적 정치는 그 자체로 표현적이다. 바디우가 인용하는 레닌의 문구가 그것을 아주 잘 말해 주고 있다. 우선 계급으로 분할된 대중이 있다. 이 계급을 대표하는 것이 당이고, 당은 지도자에 의해 대표된다. 계급의 표현은 당이고, 당의 표현은 지도자다. 이 혁명적 사유의 논리는 철저한 표현의 논리였다. 역사적 행동에서 지도자의 고유명으로 나아가도록 조직된 사유가 바로 마르크스-레닌주의였던 것이다. 그 결과 정치적 과정은 어떤 고유명을 통해 상징화된다. 바디우는 정확하게 이 고리를 끊으려 한다. 대중의 행동이 고유명으로 나아가는 과정에 단절을 가하는 것은 표현적인 방법과는 다른 방법으로 정치적 변증법을 구성할 것을 요구하고, 그것은 집단적 행동을 새로운 방법으로 사유하는 길을 열어낸다. 결국 바디우의 시도가 가리키는 방향은 정치의 과정을 표현의 과정이 아닌 분리의 과정으로 파악하는 것이다. 여기서 중요한 점은 바로 비-실존에 대한 욕망을 긍정하는 것이다. 법과 욕망의 대립 너머에서 정치적 진리를 발견하고자 하는 바디우는 법의 입장에서 존재하지 않는 것으로 간주되는 것들에 대한 욕망을 통해 법 너머를 탐색할 수 있다고 말하는 것이다. 그 욕망은 법의 이름 바깥에 있는, 존재하지 않는 괴물에 대한 욕망이라 할 수 있다. 우선 법의 입장에서 볼 때, 이 욕망은 불법적인 것에 대한 욕망이다. 그러나 그것을 단순히 '불법'으로만 환원시킬 수 있는 것은 아니다. 이 욕망은 새로운 질서에 대한 욕망이다. 정치적 보편성이 겨누고 있는 사회적 현실의 새로운 결합은 분명 기존 질서에서 벗어나 있는 새로운 질서를 창안함으로써 가능하다. 그러하기에 이 욕망은 전대미문의 것, 법의 질서에서 자기 자리를 찾을 수 없고, 지식을 통해 규정될 수 없는 유적인 어떤 것에 대한 욕망이다. 결국 혁명적 정치란 식별할 수 없고, 분류할 수 없는 유적인 것의 국지적 창조인 것이다.

〈병사의 형상〉에서와 마찬가지로, 여기서도 역시 바디우는 어떤 당위만을 제시한다. 새로운 상징을 찾는 것과 똑같이 이 지점에서 필요한 것은 어떤 허구, 고유명이 없는 허구이다. 대중과 계급, 정당 사이의 배치를 변경함으로써 정치적 영역을 새롭게 구성하는 것은 어떤 허구로부터 출발한다. 모든 희망이 사라진 것처럼 보이는 오늘날, 우리에게 필요한 것은 규정된 가능성의 영역을 벗어나는 새로운 허구이다. 법이 할당하고 제한하는 가능성에 맞서, 불가능한 것으로서의 허구를 창조하는 것이야말로 우리에게 궁극적인 믿음, 다시 말해 진리에 대한 믿음을 허락할 것이라고 바디우는 역설한다. 오늘날 우리에게 절대적으로 결여된 것은 바로 그 허구이고, 그것은 '꿈'의 다른 이름일 뿐이다.

우리의 시대가 꿈이 사라진 시대라는 것에 대해서는 거의 대부분 동의할 것이다. 젊은이들은 꿈을 박탈당하고, 그저 하루하루를 살아남기 위해 애쓰며 살고 있다. 잔혹한 경쟁과 생존의 법칙만이 우리를 지배하고 있을 뿐, 꿈의 흔적은 찾아보기 힘들다. 그러한 상태에 맞서 꿈과 꿈에 대한 믿음, 그 꿈을 현실 속에서 현실로 재구성해내는 노력이야말로 오늘날의 지상과제라고 바디우는 힘주어 말하는 것이다. 이것은 어떤 객관적인 강령이나 정책으로 해결할 수 없는 문제이다. 강령과 그에 따라오는 정책은 철저하게 법의 테두리 안에 있는 것이기 때문에 다른 가능성(또는 불가능성)은 철저히 배제된다. 오늘날의 시스템과 법이 우리에게 말하는 것은 항상 '대안의 부재'로 요약된다. 우리에게는 다른 가능성이 없으며, 그렇기 때문에 우리는 실제로 가능한 것만을 추구해야 한다는 것이다. 법칙에 의해 움직이는 시스템은 항상 불가능한 것을 금지하며, 가능한 것과 허락된 것만을 추구하라고 가르친다. 바디우는 그러한 '가능의 체제'에서 벗어나는 것을 허구라고 부른다. 허구란 법의 입장에서 규정된 불가능성에 다름 아니고, 바로 거기서 모든 새로운 가능성이 도래한다. 바디우가 원하는 것은 바로 그것이다. 새로운 가능성으로서의 허구와 그 허구에 대한 확신. 이것은 확실히 바디우의 관점에서 정치적인 문제이다. 바디우에게 허구를 찾는 것은 정의와 희망에, 허구의 가능성은 용기에 걸쳐 있기 때문이다. 이 주체적인 범주들은 왜곡되거나 잊힌 것들이다. 압도적인 시스템의 힘은 이 강력한 범주들을 공허하고 의미 없는 것으로 낙인찍었다. 오늘날의 지배적 의견에 따르면, 용기는 그저 무모한 것이고, 정의는 추상적이다. 희망이란 그저 오지 않는 것, 일어나지 않는 것에 대한 병적인 집착일 뿐이다. 그 모든 것을 위해 필요한 인내는 어리석은 자학에 불과하다. 바디우는 이러한 지배적 의견에서 벗어나기를 원한다. 그리고 그것은 가장 어두운 시대와 맞서는 투사의 진정한 미덕일 것이다.

## 5.

이 텍스트 전체를 관통하는 주제는 확실히 정치라고 할 수 있지만, 텍스트 자체에 생기를 불어넣는 것은 시詩다. 스티븐스의 시는 모든 강연에서 등장하고, 〈병사의 형상〉에는 홉킨스의 시가 더해진다. 아이스킬로스의 서사시는 철학을 특징짓는 '밤의 사유'를 드러내기 위해 등장한다. 바디우의 이 텍스트가 정말 흥미로운 것은 바로 이 지점이다. 정치에 대한 바디우의 사유 안에 시가 개입한다. 그 시들은 하나같이 직접적으로 정치적이지 않다. 그러나 우리는 그 안에서 정치적 사유의 요체를 발견할 수 있다. 물론 그 시들은 난해하다. 그러나 바디우는 그 난해함을 명쾌한 어조로 풀어낸다. 예를 들어 스티븐스의 허구에 대한 믿음, 불가능한 것의 가능성에 대한 단언을 통해 진리의 실재적 가능성으로 나아가는 바디우의 단언적 설명과 그 명쾌함은 우리에게 많은 영감을 불어넣는다. 그러나 이 모든 것이 단순히 텍스트의 다채로움을 위한 장식이거나, 정치를 위해 시를 이용하는 발상은 아니다.

바디우는 세 번째 강연의 말미에서 "내가 순수한 가능성의 영역에 처해 있을 때 자주 그런 것처럼 나의 결론은 시적詩的"이라고 말한다. 여기서 우리는 시적인 것과 순수 가능성의 문제에 천착해야 한다. 확실히 최근 바디우의 고민은 새로운 정치적 이념을 수립하는 데 있다. 문제는 우리가 그것을 위해 가진 것이라고는 온갖 부정성밖에는 없다는 것이다. 사회주의 국가의 실패(결국 그것은 그 실천의 총체적 실패이다)를 통해 얻어진 이 부정성들은 우리에게 다른 방향으로 나아가야 한다는 것을 가르치지만, 그저 그뿐이다. 어쩌면 이것이야말로 최근 바디우 철학이 모색하는 가능성이 갖는 최대의 난점이다. 자원이 없다는 것, 우리는 어쩌면 무로부터 다시 출발해야 한다는 것이다. 그 속에서 어떤 (불)가능에 대한 사유의 길을 찾으려 할 때, 우리를 인도하는 것은 역설적으로 정치 그 자체가 아닐 수 있다. 그것은 시다. 항상 시간을 선취하는 시는 우리에게 다른 길로 나아가는 좁은 통로를 가리킨다. 굳이 그리스 서사시와 르네상스 문학, 낭만주의 시가 모두 그런 역할을 했다고 강조할 필요도 없다. 시 그리고 넓게는 문학과 예술이 떠맡는 역할은 항상 시간을 앞질러 다른 가능성을 모색하는 것이다. 모든 모더니티는 사실상 시적(문학적)인 것 또는 예술적인 것에서 출발한다. 새로운 낮을 알리는 희망의 미광이란 사실 시를 비롯한 예술이 당긴 잉걸불 외에 다른 것이 아니다.

시적인 것은 법이 제한하는 가능성의 영역 밖에서 불가능한 것을 길어옴으로써 새로운 괴물을 우리에게 선사한다. 들뢰즈와 데리다, 낭시와 랑시에르 등과 마찬가지로 프랑스적 사유의 전통에 충실한 바디우는 이 사실을 잘 알고 있다. 예술의 위대함은 바로 거기에 있다. 우리로 하여금 새로운 사유의 단초를 제공하는 것이 시를 비롯한 예술이다. 때로는 모호하고, 때로는 허무주의적이지만, 시와 예술을 통해 우리는 순수한 가능성의 영역을 탐험할 수 있다. 법을 넘어서는 새로운 사유를 위한 과감한 실험들이 어느 정도 시와 예술에 빚지고 있음을 인정해야 한다. 물론 수학과 사랑 역시 그러한 역할을 하는 것은 사실이지만, 언어적인 수준에서 (불)가능성을 탐색하는 시야말로 그러한 탐험에 직접적으로 연루된다는 것을 잊어서는 안 된다. 바디우가 그리도 강조하는 주체의 후사건적 실천이란 다름 아닌 언어의 투쟁이 아닌가?

그런 가능성을 시와 예술에서만 얻을 수 있는 것은 아니다. 현대 집합이론이 보여주는 수학에서의 혁신, 사랑의 진리가 드러내는 삶의 새로운 형태들 역시 앞으로의 정치적 가능성을 가늠하는 척도로 기능할 수 있다. 바디우는 이 모든 것을 통해 새로운 정치의 이념, 공산주의의 이념을 구축하려고 애쓴다. 비록 그것이 단기간에 성과를 보기는 힘들겠지만, 그런 노력이 바디우 이후에도 이어질 것은 확실하다. 우리에게 필요한 것은 바로 그러한 노력에 합류하는 것이다. 좀 더 다른 이야기, 과거의 경험을 출발점으로 삼아 재구성될 수 있는 정치적인 전망들, 어떤 지역성으로부터 출발하여 보편적인 것으로 나아가는 노력들, 이 모든 것은 가까운 미래를 향하는 현재의 몸짓들이다. 그 가운데, 우리는 새로운 희망의 미광을 발견할 수 있을 것이다.

<br>

## 6.

항상 그렇지만, 번역은 고난의 작업이다. 공식적으로 출판되는 세 번째 번역을 마치며 내가 느끼는 것은 말하기 힘든 괴리감이다. 물론 앞으로 당분간 나의 작업은 번역에 집중되겠지만, 내 존재 안의 괴리가 줄어들지는 않을 것 같다. 잘하지도 못하는 번역에 매달려 끙끙대는 이 고난의 세월이 언제 끝날지는 알 수 없다. 그래도 간다. 그게 지금 나에게 주어진 가장 큰 과업이라는 사실을 부정하기 힘들기 때문이다. 이러다 보면 언젠가 이 고행에서 벗어나는 시간이 다가올 것이라고 믿는다.

이 번역은 내가 가장 시간을 덜 들인 번역이라는 사실을 고백해야겠다. 여러 가지 이유로 인해 다섯 번, 여섯 번까지 번역을 검토하는 습관을 그대로 밀고나가지 못했다. 물론 예전보다는 번역의 요령을 더 많이 체득했기 때문에 좀 더 나은 구석도 있을 수 있다. 아쉬운 것은 내가 추구하는 번역 실험을 거의 하지 못했다는 데 있다. 군데군데 그런 흔적이 보이기도 하지만, 정말 하고 싶었던 텍스트에 대한 온전한 배반은 시도되지 않았다. 그래서 오히려 읽기가 편해졌다면 다행스런 구석도 있겠다는 생각으로 위안을 삼는다.

홉킨스와 스티븐스의 시를 처음 대했을 때의 당혹감을 잊을 수 없다. 시 번역을 할 능력이 전혀 안 되는 사람에게 도움을 준 이들이 없었다면 아마도 엉뚱한 번역이 되고 말았을 것이다. 아쉬운 것은 시간이 부족하여 그 시에 대한 면밀한 검토를 제시하지 못했다는 것이다. 언젠가 스티븐스의 시에 대한 글을 짧게나마 써야 할 것이다. 스티븐스의 시에 대한 자세한 설명을 전해주고, 잘못된 번역을 정확하게 지적해주신 고려대학교 영어영문학과의 김명숙 선생님께 무한한 감사를 드린다. 그가 없었다면, 스티븐스의 시를 이만큼 번역하는 것은 불가능했을 것이다. 김명숙 선생님과의 소통을 주선해준 고려대학교 영어영문학과 김진영 선생님에게도 역시 감사드린다. 게으른데다 바쁘기까지 한 역자를 독려하느라 고생한 오월의봄 편집부에게도 깊은 감사를 표한다. 번역과 공부 때문에 항상 많은 시간을 소비하면서, 정작 두 아이들에게는 많은 신경을 쓰지 못했다. 그러나 서연서, 서준영 남매는 언제나 나를 살아있게 하는 힘이다. 앞으로의 세계는 그들이 살아갈 세계이기에 지금의 세계와는 다른 세계의 가능성을 위해 더욱 노력할 것이라 약속한다. 그들의 존재 자체에 대한 감사는 어떤 표현으로도 충분하지 않다. 끝으로 일을 하는 동시에 육아를 책임지느라 고생하는 나의 동반자 김연주에게 미안한 마음과 더불어 끝없는 감사를 표한다.

2013년 여름

서 용 순

철학과 정치의 수수께끼 같은 관계

철학과 정치 사이의 역설적 관계를 살펴보기 전에 나는 아주 간단히 철학 그 자체의 미래에 대해 자문하고자 한다.

나는 내 스승들 중 한 명인 루이 알튀세르에 준거하여 논의를 시작할 것이다. 알튀세르에게 마르크스주의의 탄생은 간단한 것이 아니다. 그것은 두 개의 혁명, 두 개의 중요한 지적知的 사건에 의존한다. 우선 과학적 사건이 있는데, 이는 마르크스에 의해 창시된 역사의 과학이고 그것의 이름은 '역사적 유물론'이다. 두 번째 사건은 철학적 성격의 사건인데, 이는 마르크스와 다른 이들이 창시한 새로운 흐름이고, 그것의 이름은 '변증법적 유물론'이다. 새로운 철학은 새로운 과학의 탄생을 더 명확히 하고 돕기 위해 요구된다고 말할 수 있다. 바로 그렇게 플라톤의 철학은 수학의 시작에 의해 요구되었고, 칸트의 철학은 뉴턴 물리학에 의해 요구되었다. 여기서 특별히 어려운 것은 아무것도 없다. 이러한 틀에서 철학의 미래에 대해 작은 것이나마 말할 수 있게 된다.

우리는 철학의 미래가 주로 철학과 철학사에 달려 있는 것이 아니라, 직접적으로 철학적 성격을 띠지 않는 어떤 특정한 영역들 안에서 일어나는 새로운 사실에 달려 있다고 생각함으로써 시작할 수 있다. 특히 철학은 과학의 영역에 속하는 사실에 의존하는데, 가령 플라톤, 데카르트 또는 라이프니츠에게는 수학, 칸트, 화이트헤드 또는 포퍼에게는 물리학, 헤겔 또는 마르크스에게는 역사학, 그리고 니체, 베르크손 또는 들뢰즈에게는 생물학이 그러하다.

내 입장을 말하면, 철학이 비철학적인 어떤 영역들에 의존한다는 말에 완벽하게 동의한다. 그리고 나는 이 영역들을 철학의 '조건들'이라고 부른 바 있다. 단지 나는 철학의 조건들을 과학의 변전變轉에 제한하지 않는다는 것을 상기시키고 싶다. 나는 과학뿐 아니라 정치, 예술 그리고 사랑이라는 네 가지 다른 유형에 속하는 조건들로 구성된 더 광범위한 집합을 제안한다. 그처럼 내 작업은 예를 들어, 무한에 대한 새로운 개념에 의존할 뿐만 아니라, 또한 정치의 새로운 형식들, 말라르메, 랭보, 페소아, 만델스탐 또는 월리스 스티븐스의 위대한 시들, 사무엘 베케트의 산문, 그리고 정신분석의 맥락 속에서 나타났던 사랑의 새로운 형식들, 그리고 또한 성구분과 '젠더'에 관련된 모든 문제들의 철저한 전환에 의존한다.

따라서 철학의 미래는 이 조건들의 변화에 대한 철학의 점진적인 적응 능력에 달려 있다고 말할 수 있을 것이다. 또한 이런 경우에 철학은 언제나 두 번째로 도래한다고, 철학은 비철학적인 새로움들이 나타난 이후에 도래한다고 말할 수 있을 것이다.

분명히, 그것은 헤겔의 결론이다. 그에게 철학은 지혜의 새이며, 그 지혜의 새는 올빼미다. 그러나 올빼미는 날이 저문 후에만 날아오른다. 철학은 앎, 경험들, 현실의 삶의 낮 이후에, 밤의 시작과 더불어 도래하는 학문 분과이다. 십중팔구, 우리의 문제 즉 철학의 미래의 문제는 그렇게 해결된다. 두 가지 경우가 있다. 첫째, 과학, 정치, 예술 또는 사랑이라는 영역에서 창조적 경험의 새로운 새벽은 이제 막 밝아오고 있고, 우리에게는 철학을 위한 새로운 저녁이 있을 것이다. 둘째, 우리의 문명은 소진되고, 우리가 상상할 수 있는 미래는 어둡다. 그 미래는 영속적인 어둠의 미래인 것이다.

그렇게 철학의 미래는 그것의 느린 죽음, 밤에 다가오는 느린 죽음일 것이다. 철학은 사무엘 베케트의 훌륭한 텍스트인 《동반자Compagnie》의 도입부에서 우리가 만나는 구절로 환원될 것이다. "어떤 목소리가 어둠 속에서 누군가에게 다다른다." 의미도 행선지도 없는 어떤 목소리.

그리고 실제로 헤겔과 오귀스트 콩트에서 시작하여 니체, 하이데거 또는 데리다에 이르기까지, 비트겐슈타인과 카르납도 포함하여, 우리는 철학의 예상 가능한 죽음이라는, 어쨌든 고전적이고, 형이상학적인 형식의 철학의 죽음이라는 철학적 관념을 발견한다. 자본-의회주의를 단호하게 비판하고, 우리 시대의 지배적 형상을 철저히 경멸하는 내가 여기서 철학의 종말과 불가피한 극복을 설교할 것인가? 그것은 내 입장이 아니라는 것을 여러분은 알고 있다. 그와는 반대로, 내가 이미 첫 번째《철학을 위한 선언Manifeste pour la philosophie》에서 말한 것처럼, 나는 철학이 '한 걸음 더' 나아가도록 애쓴다.

형이상학의 죽음이라는 아주 널리 알려진 테제, 더욱 혼합되고, 이종교배된, 덜 교조적인 새로운 지적 능력을 통한 철학적인 것의 극복이라는 포스트모던의 테제는 수많은 난점들과 실랑이를 벌인다.

아마도 무언가 지나치게 형식적인 것으로서의 첫 번째 난점은 다음과 같다. 오랫동안 철학의 종말이라는 관념은 전형적으로 어떤 철학적 관념이었다. 게다가 그것은 많은 경우에 긍정적인 관념이다. 헤겔에게 철학은 자신의 종말에 도달한 것인데, 왜냐하면 철학이 절대지를 이해할 수 있기 때문이다. 마르크스에게 세계에 대한 해석으로서의 철학은 그러한 세계의 구체적인 전환으로 교체될 수 있다. 니체에게 낡은 철학이 나타내는 부정적 추상은 참된 삶의 긍정을, 즉 존재하는 모든 것에 대한 대답인 위대한 '그렇다!Oui!'를 해방시키기 위해 붕괴되어야만 한다. 그리고 분석[철학]적 경향에 있어, 순수한 무-의미에 속하는 형이상학적 표현들은 분명한 논증들과 명제들을 위해, 근대적 논리의 패러다임 아래 해체되어야만 한다.

이러한 모든 사례들에서 우리는 철학 일반의 죽음, 특히 형이상학의 죽음과 관련된 위대한 선언들이란 다분히 철학 그 자체 안에 새로운 목소리, 새로운 목적을 도입하기 위한 수사적 수단이라는 점을 알게 된다. "나는 새로운 철학자다"라고 말하는 가장 좋은 방법은 과장을 섞어 다음과 같이 말하는 것이다. "철학은 끝났고, 철학은 죽었다! 그러므로 나는 나를 통해 완전하게 새로운 어떤 것이 시작한다고 제언

한다. 철학이 아니라 사유가! 철학이 아니라 삶의 힘이! 철학이 아니라 합리적인 새로운 언어가! 실제로 낡은 철학이 아니라 경이로운 운명을 통해 나의 것으로 존재하는 새로운 철학이."

그러므로 철학의 미래가 언제나 부활의 형식 속에 있다는 것은 불가능한 말이 아니다. 낡은 철학은 늙은 인간처럼 죽었지만, 그 죽음은 사실상 새로운 인간의 탄생, 새로운 철학자의 탄생이다.

그렇지만 우리가 구원의 기쁨 안에 있을 때, 부활과 불멸성 사이의, 죽음에서 삶으로의 이행이라는 상상할 수 있는 가장 큰 변화와 그런 변화의 가장 완벽한 부재 사이의 밀접한 관계가 존재한다.

아마도 사유의 새로운 시작이라는 반복적 동기를 동반하는 철학의 종말이라는 동기의 반복은 철학 그 자체의 철저한 부동성을 표시하는 것이리라. 철학은 자신의 지속성과 반복적인 본질을 탄생과 죽음이라는 극적인 대립쌍의 기호 아래 놓아야 할지도 모른다.

이 지점에 이르러서야 우리는 알튀세르의 작업으로 돌아올 수 있다. 왜냐하면 알튀세르는 철학이 과학에 의존한다고 주장하는 동시에 무언가 아주 이상한 주장, 다시 말해 철학은 전혀 역사를 갖지 않으며, 철학은 언제나 같은 것이라는 주장을 펴기 때문이다. 이 경우 철학의 미래에 대한 문제는 단순하다. 즉 철학의 미래는 그것의 과거라는 것이다.

터무니없는 이야기인 것 같다. 우리가 보는 알튀세르는 위대한 마르크스주의자이면서 영원한 철학이라는 낡은 관념, 같은 것의 순수한 반복으로서의 철학, 동일한 것의 영원회귀와 같은 니체적 스타일 속에서 철학의 마지막 옹호자가 되기 때문이다.

그러나 이 '같은 것le même'은 무엇을 나타내는가? 철학의 비非역사적인 운명에 해당하는 이 같은 것의 같음mêmeté 이란 무엇인가? 확실히 이 질문은 철학의 진정한 본질에 대한 오랜 논쟁으로 우리를 이끈다. 우리는 대체로 두 가지 경향이 있음을 알고 있다. 첫 번째 경향은 철학이 본질적으로 반성적 인식이라는 것이다. 철학이란 이론적 영역 안에서의 진리의 인식, 실천적 영역 안에서의 가치의 인식이다. 그리고 우리는 인식의 근본적인 두 형식들에 대한 수련과 전수를 조직해야만 한다. 따라서 철학에 적합한 형식은 학교의 형식이다. 칸트, 헤겔, 후설, 하이데거 그리고 나 자신을 포함한 다른 많은 이들처럼 철학자는 교수다. 철학자는 진리와 가치에 관련된 문제들에 대한 체계적인 전수와 논쟁을 조직한다. 실제로 고대 그리스인들 이래로 학교의 형식을 창안했던 것은 철학이다.

두 번째 가능성은 철학이 실제로 이론적인 인식도, 실천적인 인식도 아니라는 것이다. 철학은 주체의 직접적인 전환이다. 그것은 일종의 근본적 변환, 실존의 완전한 전복이다. 그리고 그에 따라 철학은 그 능력이 절대 합리적임에도 불구하고 종교에 매우 가깝고, 욕망이라는 격렬한 버팀목은 없지만 사랑에 매우 가깝고, 집중화된 조직의 강제는 없지만 정치에 매우 가깝고, 예술이 갖는 감각적인 능력은 없지만 예술적 창조에 매우 가깝고, 수학의 형식주의 또는 물리학의 경험적이고 기술적인 능력이 없음에도 과학적 인식에 매우 가깝다. 이 두 번째 경향에서, 철학은 필연적으로 학교, 수련, 전수와 교수들에 속해 있는 교과목이 아니다. 그것은 누군가가 누군가 다른 사람에게 자유롭게 건네는 것이다. 아테네 거리에서 젊은이들에게 말했던 소크라테스처럼, 엘리자베스 여왕에게 편지를 썼던 데카르트처럼, 《고백》을 썼던 장-자크 루소처럼, 또는 니체의 시들, 장-폴 사르트르의 소설과 희곡처럼, 만일 여러분이 나에게 이런 나르시스적 필치를 허용한다면, 나 자신의 연극과 소설 작업처럼. 내 생각에는, 심지어 가장 복잡한 나의 철학적 저술에 활력을 주는 결연하고 전투적인 스타일처럼.

다르게 말해보자. 라캉처럼 이야기하자면 우리는 철학을 대학 담론의 형식으로, 합리적인 제도 안에서 이루어지는 교수와 학생의 일이라고 생각할 수 있다. 그것이 아리스토텔레스가 지속적으로 학문에 대해 가졌던 시각이다. 그렇지 않으면, 우리는 철학을 전투적인 확언을 중요시하는 주인 담론(특히 소피스트들에 반대하는 그리고 대학이 자랑으로 여기는 학자적 회의에 반대하는)의 가장 근본적인 형식으로, 개인적 참여의 문제로 생각할 수 있다.

이 두 번째 사고방식에서, 철학은 인식의 인식이 아닌 것처럼 인식도 아니다. 그것은 행동이다. 철학을 판별하는 것은 담론의 규칙들이 아니라 행위의 단독성이라고 말할 수도 있겠다. 소크라테스의 적들이 '젊은이들을 타락시킨다'고 지칭했던 것은 바로 그러한 행위다. 그리고 여러분이 알다시피, 소크라테스가 사형 선고를 받았던 것은 바로 그 때문이다. 요컨대, '젊은이들을 타락시키는 것'은 철학적 행위를 지칭하는 데 매우 적절한 이름이다. '타락시킨다'는 의미를 잘 이해한다는 조건하에서 그러하다. 여기서 '타락시킨다'는 것은 기존의 의견들에 대한 맹목적인 복종을 전적으로 거부할 가능성을 가르친다는 것을 의미한다. 타락시킨다는 것, 그것은 청년들에게 사회적 규범에 대한 의견을 변화시키는 어떤 수단, 모방과 찬양을 토론과 합리적인 비판으로 대체하는 어떤 수단, 그리고 심지어는 원칙의 문제가 중요시될 때 복종을 반란으로 대체하는 어떤 수단을 부여하는 것이다. 그러나 그 반란이 모두의 토론 속에서 제안된 원칙과 비판의 결과인 한 그것은 충동적이지도 공격적이지도 않다.

랭보의 시에서 우리는 '논리적인 봉기들révolts logiques'이라는 이상한 표현을 본다. 그것은 아마도 철학적 행위에 대한 좋은 정의일 것이다. 내 오랜 친구이자 논적ami-ennemi인 뛰어난 반-철학자 자크 랑시에르가 1970년대에 정확히《논리적 봉기》라는 제목이 붙은 아주 중요한 저널을 만들었던 것은 우연이 아니다.

그러나 철학의 진정한 본질이 행위에 있다면, 우리는 알튀세르에게 철학의 실제 역사가 존재하지 않는 이유를 더 잘 이해하게 될 것이다. 자신의 고유한 저작에서 알튀세르는 철학의 활동적 기능은 의견들 사이의 분열을 초래하는 것이라고 말한다. 더 정확하게는 과학적 인식에 대한 의견들 속에서의 분열, 또는 더 일반적으로 이론적 활동들 속에서의 분열을 초래하는 것이다. 어떤 종류의 분열인가? 그것은 결국 유물론과 관념론 사이의 분열이다. 마르크스주의자로서 알튀세르는 유물론이 이론적 활동들을 위한 혁명적 틀이며, 관념론이 보수적 틀이라고 생각했다. 알튀세르의 최종적인 정의는 따라서 다음과 같다. 철학은 이론적 영역에서의 정치 투쟁이다.

그러나 이러한 마르크스주의적 결론과는 별개로 우리는 다음과 같은 두 가지에 주목할 수 있다.

1) 철학적 행위는 언제나 결단, 분리, 분명한 구별의 형식 안에 있다. 인식과 의견, 정확한 의견들과 거짓 의견들, 진실과 오류, 선과 악, 지혜와 광기, 단호한 입장과 단지 비판적인 입장 등의 사이에서의 결단, 분리, 구별의 형식 안에.

2) 철학적 행위는 언제나 규범적인 차원을 지닌다. 분리는 위계이기도 하다. 마르크스주의의 경우 유물론은 좋은 항목이고 관념론은 나쁜 항목이다. 그러나 더 일반적으로, 우리는 개념과 경험들을 분리해내는 것이 사실상 언제나 어떤 새로운 위계를 특히 젊은이들에게 부과하는 방법이라는 것을 알게 된다. 그리고 부정적인 관점에서, 그 결과는 기존의 질서와 낡은 위계를 지적으로 전복시키는 것이다.

따라서 우리에게 주어진 것은 철학 안에서 변하지 않는 어떤 것, 반복에 대한 강박 또는 동일자의 영원 회귀와 같은 어떤 것이다. 그러나 이 불변성은 행위의 질서에 속한 것이지 앎의 질서에 속한 것은 아니다. 그것은 하나의 주체성이며, 그 주체성에게 모든 형태의 지식은 그저 평범한 수단일 뿐이다.

철학은 새롭고 거대한 규범적 분리를 제안함으로써 모든 이론적이고 실천적인 경험들을 재조직하는 행위인데, 이러한 분리는 기존의 지적 질서를 뒤집고, 진부한 가치들을 넘어서는 어떤 새로운 가치들을 격상시킨다. 그러한 모든 것의 형식은 다소간 제한 없이 모두에게 향하는데, 특히 이는 젊은이들에게 향한다. 왜냐하면 철학자는 젊은이들이 그들의 삶을 결정해야만 한다는 점을 그리고 그들이 빈번히 더 논리적 봉기의 위험을 받아들일 채비가 되어 있다는 점을 완벽하게 알고 있기 때문이다.

이 모든 것은 철학이 왜 항상 어느 정도 같은 것인지 설명한다. 물론 모든 철학자는 그의 저작이 완전히 새로운 것이라고 생각한다. 그는 인간이다. 많은 철학사가들은 절대적 단절들을 받아들였다. 예를 들어, 데카르트 이후의 형이상학이 근대 과학을 그 합리적 구성의 패러다임으로 받아들여야 한다는 것은 명백하다. 칸트 이후, 고전적 형이상학이 불가능하게 되었다는 것이 선언된다. 또는 비트겐슈타인 이후, 언어에 대한 연구가 철학의 핵심이라는 것을 망각하는 것은 금지된다. 우리에게는 합리주의적 전회, 비판적 전회, 언어적 전회가 있지만, 실제로 철학에게 되돌릴 수 없는 것은 아무것도 없다. 절대적인 전회란 없다. 많은 철학자들이 오늘날 플라톤 또는 라이프니츠에게서 발견할 수 있는 것은 하이데거 또는 비트겐슈타인에게 있어 겉보기에 비슷한 강도를 갖는 지점들보다 훨씬 더 흥미롭고 자극적인 지점들이다. 그것은 철학자 자신들의 원형이 대체로 플라톤 또는 라이프니츠가 가진 원형과 일치하기 때문이다. 철학은 그 행위의 반복이라는 그 사실만이 철학자들 사이에 존재하는 내재적 유사성을 설명한다. 라이프니츠, 스피노자와 함께하는 들뢰즈, 데카르트 그리고 헤겔과 함께하는 사르트르, 베르크손 그리고 아리스토텔레스와 함께하는 메를로-퐁티, 플라톤 그리고 헤겔과 함께하는 나 자신[바디우], 칸트 그리고 쉘링과 함께하는 슬라보예 지젝. 그리고 어쩌면 거의 삼천 년 동안 모든 철학자와 함께하는 모든 철학자.

그러나 철학적 행동이 형식적으로 같은 것이고, 동일한 것의 회귀라 하더라도 역사적 맥락의 변화를 설명해야 할 것이다. 왜냐하면 행위는 어떤 조건들 아래에서 일어나기 때문이다. 철학자가 그의 시대의 경험들에 대한 새로운 분리와 새로운 위계를 제시한다면 그것은 새로운 지적 창조, 새로운 진리가 막 출현했기 때문이다. 그것은 실제로 철학자들이 보기에 우리가 철학의 실재적 조건들 속에서 새로운 사건의 결과들을 수용해야 하기 때문이다.

몇 가지 예를 들어보자. 플라톤은 에우독소스Eudoxus의 기하학 그리고 수와 척도에 대한 후기-피타고라스적 개념이라는 조건들 속에서 가시적인 것sensible과 가지적인 것intelligible 사이의 분리를 제안했다. 헤겔은 프랑스혁명이라는 경이로운 새로움 때문에 절대 이념 속에 역사와 변전을 끌어들였다. 니체는 바그너의 음악극 발견이 그에게 유발시킨 격동적 감정이라는 맥락에서 그리스 비극과 철학의 탄생 사이의 변증법적 관계를 발전시켰다. 그리고 데리다는 우리의 경험 속에서, 그 경험의 여성적 차원이 갖는 점차 증가하는 중요성, 축소할 수 없는 중요성 때문에, 대부분 엄격하게 분리되어 있는 형이상학적 대립항들에 대한 고전적 접근법을 변경시켰다.

그것이 바로 우리가 마침내 창조적인 반복에 대해 말할 수 있는 이유이다. 몸짓, 즉 분리의 몸짓이라는 형식에는 무언가 변하지 않는 것이 있고, 어떤 사건들과 그 결과가 만들어내는 압력 아래에서 철학적 몸짓의 어떤 양상들을 전환시켜야 할 필요성이 있다. 그러므로 우리에게는 어떤 형식이 있고, 그 유일한 형식의 가변적인 형식이 있는 것이다. 그런 이유로 우리는 엄청난 차이들과 심한 대립에도 불구하고 철학과 철학자들을 명확하게 식별하는 것이다. 칸트는 철학사를 전쟁터라고 말했다. 그러나 그것은 또한 같은 전장에서 같은 전투를 반복하는 것이다. 여기서 음악적 이미지가 우리를 도울 수 있다. 철학의 변전은 주제와 변주의 고전적 형식 안에 있다. 반복되는 것은 주제이며, 항상적으로 새로운 것은 변주인 것이다.

그리고 그 모든 것이 정치, 예술, 과학, 그리고 사랑의 사건들 이후에, 그 동일한 주제에 대한 새로운 변주의 필요성을 제공했던 사건들 이후에 자리한다. 헤겔이 서술한 진리는 그런 것이다. 우리 철학자들이 새로운 진리의 진정한 생성이 이루어지는 낮이 지난 후, 밤 동안에 일한다는 것은 정말 옳은 말이다. 여기서 나는 월리스 스티븐스Wallace Stevens의 훌륭한 시를 검토하려 하는데, 그 제목은 〈물건을 들고 가는 남자Homme protant la chose〉로 그림의 제목을 닮았다. 여기에서 스티븐스는 다음과 같이 쓴다. "우리는 밤새도록 우리의 사유를 견뎌내야만 한다." 유감스럽게도 그것은 철학자들과 철학의 운명이다. 그리고 스티븐스는 계속해서 쓴다. "눈부신 명증성이 차가움 가운데 변함없이 우뚝 설 때까지." 그렇다. "눈부신 명증성"의 낮이 그 궁극적 형상이 갖는 별의 차가움 가운데 변함없이 우뚝 설 것을 우리는 희망하고 믿는다. 그것은 철학의 최후 단계, 절대 이념, 완전한 드러남일 것이다. 그러나 그것은 도래하지 않는다. 반대로 무언가가 살아 있는 진리들의 낮 가운데 일어날 때, 우리는 철학적 행동을 반복해야 하며 새로운 변주를 창조해야 한다.

그처럼 철학의 미래는 그 과거처럼 어떤 창조적 반복이다. 언제까지나 우리는 밤이 지속되는 내내 우리의 사유를 견뎌내야만 할 것이다.

밤의 사유들 가운데, 의심의 여지없이 오늘날 우리가 가장 관심을 갖는 것은 바로 정치la politique의 조건과 매듭을 이루는 사유이다. 그리고 그 이유는 간단하다. 정치 그 자체는 대개 어떤 사유의 밤 가운데 있기 때문이다. 그러나 그 자신이 갖는 밤의 입장이 실제적인 진리들의 밤에서 비롯된 결과라는 것을 그저 체념하고 받아들일 수 없는 철학자는 지평선을 향해 가능한 한 멀리서 새벽을 알리는 미광을 식별하려고 시도한다. 이때 철학자는 차라리 아이스킬로스의 작품《아가멤논》의 도입부에 등장하는 초병과 같다. 우리는 그 최고의 구절을 알고 있다.

> 개처럼, 쉬지 않고, 이 이슬에 젖은 침상에서 밤을 지새우
> 며, 나는 인간들에게 겨울과 여름을 선사하는 성운을 알
> 아보는 법을 배웠다. 이 영기Éther의 불꽃으로 빛을 발하
> 는 군주들에 대해, 이제 나에게는 낙조와도 같은 미광의
> 지혜가 있다.

철학자는 이런 종류의 지혜의 독보적인 주체이며, 그는 밤 동안 바깥 요새Dehors를 지키는 충실한 개다. 그러나 그는 아침을 알림으로써 기쁨을 얻는다. 다시 아이스킬로스를 살펴보자.

> 아! 오늘 즉시, 내 고통의 끝이 빛날 수 있기를! 기쁨의 불
> 이 어둠을 밝힐 수 있기를!

바로 최근 몇 주 동안 프랑스에서는 밤 가운데 아침의 어떤 새로운 형식들을 창안하기 위한 대중적 능력이 존재한다는 것이 다시 한 번 증명되었다. 가능한 기쁨의 불로부터

우리는 아마도 최소한의 불씨를 얻을 것이다. 물론 철학자는 이슬에 젖은 침상 위에서 눈을 뜬다. 그는 그 빛을 헤아린다.

여러분은 사람들 가운데 네 가지 큰 집단이 있음을 안다. 최근 20년에 한정한다면, 우리는 그 집단들이 객관적 상황이 보여주는 침울한 규범에서 벗어난다고 기대할 수 있다는 것을 알고 있다. 왜냐하면 이 각각의 집단은 아직 정치적으로 제한된 형식이지만, 역사적으로 확실한 대중운동 형식 안에서 경제와 국가의 게임으로 환원할 수 없는 실존의 형식을 증명했다.

얼마 전에 '최초 고용 계약CPE, Contrat de première embauche'[*] 문제를 승리로 이끌었던 학생들, 자신들의 실존과 미래를 염려하는 젊은 대학생과 고등학생들을 명명하자. 그들의 운동

---

[*]  2006년 2월에서 4월 사이에 프랑스에서 있었던 대규모의 시위를 촉발시킨 노동 규제완화 정책의 일환으로 제시된 법안이 바로 최초 고용 계약이다. 당시 수상이었던 도미니크 드 빌팽은 청년 실업을 해소한다는 명분으로 이 법안을 도입하려 한다. 문제는 그 전까지 정규직 채용에 적용되었던 최장 3개월의 수습 기간을 2년으로 연장하고, 그 기간 동안에는 특별한 사유 없이도 해고가 가능하도록 하는 조항에 있었다. 또한 비정규직에 적용되던 동일 노동에 대한 10%의 비정규직 수당을 지급하지 않아도 된다는 점에서 정규직 노동자와 비정규직 노동자의 삶을 심각하게 악화시킬 수 있는 법안이었다. 결국 이 법안은 특히 대학생들과 청소년들의 거센 반발을 불러일으켰고, 그 결과 100만 명 이상이 참여하는 전국적 규모의 시위가 이어졌다. 결국 당시 대통령이었던 시라크는 이 법안을 폐기하였다. −옮긴이

은 활력이 넘치고 확신에 차 있다. 그들의 승리는 확실히 모호하지만 그들의 주체성은 희망적이다.

경찰에 공격당하고, 불순분자들로 낙인찍힌 청년 대중을 명명하자. 그들의 봉기는 주기적으로 시위에 불을 댕기고 [빈민]도시Cités를 뜨겁게 타오르게 한다. 그리고 시대적 배경에서 연유하고, '반역은 옳다'는 유일한 명령에 의해 인도되는 그들의 막연한 반역의 고집에는 적어도 높은 지위에 있는 사람들을 두려움에 떨게 하는 이점이 있다.

평범한 임금 노동자 대중을 명명하자. 그들은 '함께, 모두 함께'라는 단 하나의 슬로건으로 지방의 몇몇 작은 마을에서 전체 인구의 삼분의 일이 동원된 집회rassemblement를 며칠 동안 유지했다.

마지막으로 새로이 이주한 프롤레타리아들, 아프리카인, 아시아인, 동방에서 온 프롤레타리아들을 명명하자. 불법적이든 합법적이든, 19세기 이래로 언제나 가능하고 참된 정치들의 전략적 중심에 자리한 그 프롤레타리아들은 그들의 권리를 위한 오랜 저항의 싸움 속에서 스스로를 조직하고, 행진하고, 점거할 줄 안다.

우리는 이 집단들 사이의 최소한의 관계, 그들의 비非분리inséparation를 만들어낼 수 있는 모든 것이 정치적 창안의 새로운 시퀀스를 열어내리라는 것을 안다. 국가는 폭력적인 것을 포함하는 모든 수단을 동원하여 다음과 같은 주요한 임무를 수행한다. 이른바 '[빈민]도시'의 청년 대중과 학생들, 학생들과 평범한 임금 노동자들 사이의 모든 결합connexion, 그리고 외관상 자연스러운 것임에도 청년 대중과 새로이 이주한 프롤레타리아들, 아들과 아버지 사이의 모든 결합을 금지하는 것. 그것은 게다가 '내 친구를 건드리지 말라'**라는 이데올로기의 요점이었고, 젊은 세대에 대한 혐오와 노동자의 조건에 대한 경멸로 이루어진 것이다. [오늘날의] 아버지들은 [과거] 이러한 노동자의 조건에 소환되었고, 그 조건 속에서 70년대와 80년대 초반에 있었던 몇몇 대규모 파업을 통해 그들의 힘을 보여줄 수 있었다.

때때로 지속하는 데 성공했던 유일한 결합은 투사적인 지식인들과 새로이 이주한 프롤레타리아를 결집시키는 것이다. 거기서 제한된 행동의 형태로, 의회적이고 조합적인 속임수와는 아무런 관련도 없는 장기적인 정치적 움직임의 가능성이 실험된다.

---

** 프랑스 사회당과 깊게 관련된 반인종주의 NGO인 'SOS 인종주의sos racisme'의 표어. 급진적인 좌파들은 이 표어를 사회당 정치 세력에 이용당하는 반인종주의의 유약하고 탈정치적인 판본이라고 신랄하게 비판한다. ─옮긴이

철학자의 눈에 감지되는 최근의 미광은 국가와 조합 지도부 그리고 '좌파'를 선두로 하는 정당들의 통일전선이 악착같이 배제하는 그런 종류의 결합들이 최근에 시도되고 실험된다는 것이다. 혼성적인 집단들이 형성되고, 그들 스스로에게 다음과 같은 분명한 임무를 부여한다. 여기저기를 점거하기, 복수의 기치를 내걸기, 무력한 조합적 시위행진에 활기를 불어넣기…… 그때, 어쩌면 오늘, 내일…….

어쨌든 일어나는 일, 국가적 부패의 표징을 끝장내고자 하는 그런 종류의 완강함에 대해 경의를 표하자. 그 표징에 대해, 그것이 어떤 점에서 우리에게 해로운 것일 수 있고, 그것이 그런 점에서 무엇의 이름인지 내가 아주 일찍이 말했던 것에 대해 사람들은 적어도 내가 정당하다고 평가해줄 것이다.

이 모든 것을 통해, 나는 내가 가장 깊이 실험했던 정치와 철학 사이의 기이한 연관에 대해 새롭게 생각한다.

나는 놀라운 모순으로부터 시작할 것이다. 한편으로 철학은 명확히, 그리고 필연적으로, 민주주의적인 활동action이다. 나는 왜 그런지 설명할 것이다.

다른 한편으로, 플라톤에서 나 자신에 이르기까지, 헤겔, 니체, 비트겐슈타인, 하이데거 또는 들뢰즈를 포함하는 대다수의 철학자들이 갖는 정치적 관념들은 통상적인 의미에서 민주주의적인 것이 전혀 아니다. 달리 말하면, 철학자들은 일반적으로 의회주의 국가와 의견의 자유가 갖는 만장일치로 상찬되는 효용들을 인정하지 않는다.

따라서 철학의 참된 본질—논증된 지적 토론과 자유로운 사유라는 확실하게 민주주의적 관념으로서의 철학—과 정치적 영역 안에서의 철학의 명시적 관념들—많은 경우에 인류의 집단적 운명에 대한 전제적인 틀이 존재한다는 것을 받아들이고, 어쨌든 서구 세계를 지배하는 정치적 체제의 유형에 어떤 매혹도 느끼지 않는 것—사이는 모순이 있다.

민주주의, 정치, 철학이라는 세 항 사이에는 무언가 역설적인 관계가 있다. 우리는 민주주의에서 철학으로 넘어가야 한다. 실제로 그것은 고대 그리스인들이 철학을 창조했던 길이다. 철학의 탄생은 명백하게 그리스인들이 민주주의적 권력의 최초 형식을 창안했다는 데 의존한다. 그러나 우리는 또한 철학에서 정치로 넘어가야 한다. 실제로 정치는 확실히 철학의 변전이 구성하는 모든 역사에서 언제나 철학자들의 주된 관심사 중 하나였다. 그러나 철학에게 정치가 반성의 대상인 동시에, 그런 종류의 정치에서 민주주의로 넘어가는 것은 일반적으로 매우 어렵다.

그렇게 말해도 좋다면 민주주의는 철학의 원점에서는 필연이며, 철학의 종점에서는 난점이다.

결국 우리의 문제는 다음과 같다. 민주주의가 우선 필연적인 것이 되고, 둘째로 불가능하거나 모호한 어떤 것이 되기 위해, 철학적 활동은 정치 속에서 무엇을 변경시켰는가?

우리는 그 난점이 자유라는 민주주의적 관념과 진리라는 철학적 개념 사이의 관계 안에 있다고 대답할 것이다. 한마디로 만일 정치적 진리와 같은 무언가가 실존한다면, 그 진리는 합리적인 모든 정신에 부과되는 책무이다. 그 결과 자유는 절대적으로 제한된다. 반대로 이 질서[자유]에 제한이 없다면 정치적 진리는 없고, 그런 경우 철학과 정치 사이의 긍정적인 관계란 없다.

정치, 민주주의 그리고 철학이라는 세 가지 항목은 최종적으로 진리의 문제를 통해 연결된다. 그 모호한 매듭은 사실상 진리의 범주에 고유한 모호함에 의해 결정된다. 따라서 문제는 다음과 같은 것이 된다. 진리의 민주주의적 관념이란 무엇인가? 상대주의와 회의주의 앞에서 민주주의적 보편성이란 무엇인가? 모든 사람에게 적용되지만 초월성의 속박이 없는 정치적 규칙이란 무엇인가?

하지만 처음부터 시작하도록 하자. 다음과 같은 두 가지 논점이 있다.

1) 왜 민주주의는 철학의 존재 조건인가?

2) 왜 철학은 많은 경우에 정치의 민주주의적 비전에 비추어 그리도 부적절한가?

철학에는 두 가지의 근본적인 특징이 있다.

한편, 그것은 말하는 자가 차지하는 장소로부터 독립적인 담론이다. 여러분이 원한다면 철학은 왕의 담론도, 성직자의 담론도, 예언자나 신의 담론도 아니다. 초월성이나, 권력 또는 성스러운 기능에 대해 철학적 담론은 어떤 보증도 하지 않는다. 철학은 진리를 추구하는 것이 모두에게 열려있다는 것을 받아들인다. 누구나 철학자일 수 있다. 그가 말하는 것은 그의 지위가 아니라 오로지 그가 말하는 내용에 의해서만 인정되거나 부정된다. 또는 더 기술적으로 철학적 평가는 주관적 진술에 관심을 가지는 것이 아니라 오로지 객관적 언표에만 관심을 가진다. 철학은 오직 스스로를 통해서만 그 정당성이 입증되는 담론이다.

여기에서 그것은 분명히 민주주의적인 특징이다.

철학은 말하거나 사유하는 사람의 사회적, 문화적 또는 정치적 지위에 완전히 무관심하다. 철학은 누구나로부터 나온다는 것을 받아들인다. 그리고 철학은 누구에게 찬성하거나 반대할 것을 미리 선택하지 않은 채 [그 주장을] 인정하거나 비판한다. 철학은 누구나를 위한 것이 됨을 받아들인다.

그러므로 우리는 철학이 그 본질상 민주주의적이라고 결론지을 수 있다.

그러나 그 방향에 대해서처럼 그 출처에 대해서도 완전히 보편적임을 받아들이는 철학이 그 목적이나 행선지에 대해서도 같은 의미로 민주주의적임을 받아들일 수 있는 것은 아니라는 점을 기억해야 한다. 누구나 철학자 또는 철학자의 대화 상대자가 될 수 있다. 그러나 모든 의견이 모든 다른 의견과 동등하다는 것은 사실이 아니다. 지적 능력의 평등이라는 공리는 의견의 평등이라는 공리와는 거리가 멀다. 철학이 시작된 이래, 우리는 플라톤과 함께 첫째로 옳은 의견들과 그릇된 의견들을 구별해야 하고, 둘째로 진리와 의견을 구별해야 한다. 철학의 궁극적인 목표가 진리와 의견 사이의 구별을 철저히 밝혀내는 것이라는 점에서 의견들의 자유라는 민주주의적 대원칙을 철학이 실제로 받아들이는 것은 명백하게 불가능하다. 철학은 진리의 단일성과 보편성을 의견의 복수성과 상대성에 대립시킨다.

철학의 민주주주의적인 경향을 제한하는 다른 이유가 있다. 철학은 확실히 비판적 판단에 노출된다. 그러나 그러한 노출은 토론을 위한 공통적인 규칙을 받아들인다는 것을 함축한다. 우리는 논변들의 타당성을 가려내야만 한다. 그리고 마침내 우리는 지적 능력의 평등이라는 공리의 형식적 조건으로서 보편적 논리가 존재한다는 것을 인정해야만 한다. 은유적으로 말하자면, 그것은 철학의 '수학적인' 차원이다. 즉, 그 방향의 자유와 마찬가지로 그 토론을 위한 엄격한 규칙이라는 필연이 있는 것이다.

정확하게 수학처럼, 철학은 모두에 대해 그리고 모두를 위해 가치가 있고, 특수한 언어를 갖지 않는다. 그러나 결과에 대한 엄격한 규칙이 있다.

그렇게 철학이 정치를 검토할 때, 철학은 순수한 자유의 노선을 따를 수 없다. 더욱이 의견의 자유라는 노선은 확실히 따를 수 없는 것이다. 철학은 정치적 진리일 가능성이 있는 것의 문제를 다룬다. 다시 말해보자. 철학이 다음과 같은 두 가지 원칙들에 따를 때, 정치란 무엇인지 검토해야 한다.

- 지적 능력의 평등이라는 철학적 원칙과의 공존 가능성.

– 진리의 보편성에 의견의 다양성이 종속된다는 철학적 원칙과의 공존 가능성.

우리는 평등과 보편성이 철학 영역에서 유효한 정치의 특성이라고 간단히 말할 수 있다. 그것을 위한 고전적인 이름은 정의이다. 정의는 보편적인 것으로 요구되는 평등의 규범이라는 관점에서 모든 상황을 검토하는 것으로 귀착된다.

우리는 정의의 이념 속에서 평등이 자유보다 훨씬 더 중요하다는 것에 주목할 것이다. 그리고 보편성은 특수성, 자기동일성 또는 개별성에 비해 훨씬 더 중요하다. 그것이 바로 민주주의를 통상적으로 개인적 자유의 대표자로 정의하는 것에 문제가 있는 이유이다.

리처드 로티는 "민주주의가 철학보다 훨씬 중요하다"고 선언했다. 이러한 정치적 원칙을 통해 로티는 실제로 문화상대주의 속으로 철학을 해소시킬 것을 준비한다. 그러나 철학이 시작되던 당시 플라톤은 정확하게 반대로 말했다. 철학은 민주주의보다 훨씬 더 중요하다고 말이다. 그리고 만일 정의가 집단적인 진리로서 정치가 갖는 철학적 이름이라면 정의는 자유보다 훨씬 더 중요하다.

우리가 플라톤에게서 발견하는 민주주의적인 정치에 대한 위대한 비판은 조금 모호하다. 한편으로 그것은 확실히 개인적이고 귀족적인 입장이다. 그러나 다른 한편으로 그것은 진정한 문제, 정의와 자유 사이에 놓인 일종의 모순, 적대적이 될 수 있는 모순의 문제이다.

그 지점에 대해 알기 위해, 1792년과 1794년 사이에 있었던 프랑스 혁명가들의 고민을 읽어보자. '공포정치Terreur'라는 아주 인상적인 개념은 우리가 정치적 진리에 대해 전제하는 보편성이 이해관심의 특수성과 폭력적인 충돌을 일으키는 그 지점에 정확하게 개입한다. 주체적으로, 당시의 위대한 혁명가들은 덕성vertu이 사라지는 그곳에서 공포정치가 불가피하다고 말하면서 그러한 충돌을 표현한다. 그러나 덕성이란 무엇인가? 그것은 정치적 의지 또는 생-쥐스트가 '공적 의식conscience publique'이라고 말했던 것으로, 단호한 태도로 평등을 순전히 개인적인 자유 위에 두고, 원칙들의 보편성을 특수한 것의 이해관심 위에 두는 것이다.

이 논쟁은 결코 시대에 뒤떨어진 것이 아니다. 실제로 오늘날 우리의 상황은 어떠한가? 내가 말하고자 하는 상황이란 스스로를 '서양인'이라고 명명하는 부유한 사람들의 상황이다. 여기, 서구 세계에서 우리의 값비싼 자유를 위해 치러야 할 대가는 끔찍한 불평등인데, 이는 서구 나라들의 안에서만 그런 것이 아니라, 특히 그 나라들 밖에서 더 그러

하다. 철학적인 관점에서, 오늘날의 세계에는 어떠한 정의
도 없다. 그러한 관점에서, 우리는 우리의 위대한 자코뱅 선
조들이 말한 그런 의미에서의 높은 덕성을 전혀 지니지 못
했다. 그러나 우리는 테러리스트들 역시 그렇지 않다고 우쭐
해한다. 유일하게, 오로지 생-쥐스트만이 묻곤 했다. "덕성
도, 공포도 원치 않는 그들은 무엇을 원하는가?" 그리고 그
질문에 대한 대답은 그들이 부패corruption를 원한다는 것이었
다. 그것은 바로 우리가 더 멀리 보지 않은 채, 그 부패 안에
빠져들기를 욕망하는 것이다. 내가 여기에서 말하는 '부패'
란 수치스러운 거래들, 노략질과 '품위 있는 사회' 사이의 내
통들, 우리가 모두 아는 것처럼 자본주의적 경제를 버팀목으
로 하는 모든 종류의 착복들과 같은 것이 아니다. 내가 말하
고자 하는 '부패'란 무엇보다도 정신적인 부패이다. 이러한
부패는 확실히 모든 원칙에 어긋남에도 그 세계가 마치 가
장 나은 세계라는 듯이, 그 세계를 거기서 이득을 보는 대부
분의 사람들에 의해 수용되고 제시되는 세계로 만든다. 이는
역겨운 자기만족을 거부하는 사람들, 그 세계 안에서 잘못
'통합된' 사람들로 박해받는 사람들, 자본주의적 의회주의의
자칭 우월성을 무조건적으로 공언하지 않는, 다른 곳에서 흘
러든 사람들에 대해 그 타락한 세계의 이름으로 전쟁을 일

으키는 것을 용인하는 데까지 나아간다.

사유가 부패한 세계, 불의가 신성한 동시에 비밀스러운 원리로서 존재하는 세계에서 성장하고, 이러한 부패에 대항하여 스스로의 힘으로 일어서기 때문에, 철학자는 어떤 역설적인 상황 속에서 살아가야 한다는 것을 두려워할 줄 모른다. 민주주의는 철학의 조건이지만, 정의와 직접적인 관계가 없다. 민주주의에서 정의는 개인적 자유라는 민주주의적이고 부패한 희열과는 완전히 동떨어져 덕성과 공포의 정황적인 동맹으로 나타나곤 한다. 그런데 정의는 정치의 영역에서 진리의 철학적인 이름이다. 그렇게 철학, 민주주의 그리고 정치라는 세 항목의 매듭은 모호한 것으로 남는다.

우리는 이제 수학을 통해 고전적인 방식으로 우회할 것이다. 일찍이 플라톤이 보여준 것처럼, 수학은 아마도 우리가 찾을 수 있는 정의의 가장 훌륭한 패러다임일 것이다. 수학에서 우리에게 우선적으로 주어진 것은 일종의 근원적인 자유, 공리들을 선택하는 자유이다. 그러나 그다음에 우리에게 주어지는 것은 논리적인 규칙들에 기초하는 전적인 결정이다. 그러므로 우리는 우리가 했던 최초 선택의 결과를 전적으로 받아들여야 한다. 그리고 그것을 받아들이는 것은 자유가 아니라 강제이고 필연이다. 정확한 근거를 찾는 것은 매우 힘든 지적 노동이다. 결국 그 모든 것은 엄격하게 정확한 의미에서의 보편적인 평등이다. 다시 말해 근거란 누구에게나 예외 없이 최초의 선택과 그리고 논리적인 규칙들을 받아들이는 근거이다. 그러므로 우리에게는 선택, 결과, 평등, 보편성이 있다.

실제로 여기서 우리에게는 정의를 목표로 삼는 고전적인 혁명적 정치라는 패러다임이 있다. 어떤 근본적인 선택을 받아들임으로써 출발해야 한다. 1792년의 위대한 자코뱅 당원들—1794년 테르미도르(프랑스혁명력 11월, 현재 달력으로는 7월 20일~8월 18일) 9일 이후 집단적으로 처형당했던—에서 출발하여, 중국의 문화대혁명과 세계 도처에 퍼졌던 '좌익주의gauchisme'의 마지막 불꽃, 다시 말해 지난 세기의 1970년대까지 타올랐던 마지막 불꽃에 이르기까지의 역사적 시퀀스 속에서, 그 선택은 중국의 혁명가들이 두 개의 길 또는 두 개의 계급이라 명명하는 것 사이에 위치한다. 그것은 혁명적인 길과 보수적인 길이다. 노동계급인가, 부르주아지인가. 사적인 삶인가, 집단적인 행동인가. 다음으로는 그 선택의 결과들을 받아들여야 한다. 즉, 조직이나 매우 힘겨운 투쟁들, 희생 등과 같은 것. 의견이나 삶의 스타일의 자유가 아니라 규율, 승리의 전략적 수단을 찾기 위한 오랜 작업 등이다. 그리고 그 결과는 통상적인 의미로 파악되는 민주주의적인 국가가 아니라 적의 저항을 무력화시키는 것을 목표로 하는 프롤레타리아 독재이다. 그리고 동시에 이 모든 것은 전적으로 보편적인 것으로 제시되는데, 왜냐하면 그 목표는 계급이나 특정 집단의 권력이 아니라 모든 계급들과 불평등의 종말, 그리고 궁극적으로 국가 그 자체의 종말이기 때문이다.

이러한 [마르크스주의적] 관념conception에 따르면, 민주주의란 실제로 완전히 다른 두 가지의 이름이다. 우선 레닌의 말처럼 국가 형식의 이름, 다시 말해 선거, 국회의원, 입헌적 정치 등을 갖춘 민주주의적 국가 형식의 이름이다. 그리고 두 번째로, 그것은 대중 행동의 형식, 즉 대규모 집회, 시위, 반란, 봉기 등을 내용으로 하는 대중적인 또는 능동적인 민주주의다. 첫 번째 의미로 볼 때, 민주주의는 혁명적인 정치 또는 정의와 어떤 직접적인 관계도 없다. 두 번째 의미로 볼 때, 민주주의는 규범도 목적도 아니다. 그것은 어떤 수단, 정치의 영역에서 능동적인 대중적 현전을 촉발시키기 위한 수단이다. 민주주의는 정치적 진리가 아니라 정치적 진리를 찾기 위한 여러 수단 중 하나인 것이다.

그러나 철학은 역시 민주주의이다. 우리가 본 것처럼 철학은 새로운 체험과 담론의 새로운 지위를 위한 조건이다. 그것은 어떠한 신성한 장소, 신성한 책도 없는 지위, 그 정당성을 보증하는 왕도 사제도 없는, 예언자 또는 신도 없는 그러한 지위의 조건인 것이다.

그러므로 우리는 그 모호한 매듭을 완전하게 이해하기 위한 새로운 가설을 제안할 수 있다. 철학의 관점에서 민주주의는 규범도, 법도, 목적도 아니다. 민주주의는 단지 대중의 해방을 위한 여러 가능한 수단 중 하나일 뿐이다. 수학적인 강제들이 또한 정확하게 철학의 조건인 것처럼 말이다.

그래서 우리는 철학에서 민주주의로 분명하게 옮겨갈 수 없지만, 그럼에도 민주주의는 철학의 조건이다.

그것은 틀림없이 '민주주의'라는 말이 철학의 원점과 종점에서 두 가지 다른 의미를 갖는다는 것을 의미한다. 철학의 원점에서, 형식적인 조건으로서의 민주주의는 사실상 모든 언표의 인정이 논변에 대한 자유로운 규약에 종속된다는 것을 지칭하는데 이는 말하는 사람의 지위로부터 독립적이며, 누구에 의해서든 반박될 수 있다는 점을 받아들이는 규약이다. 철학의 종점에서 민주주의라는 말은 현실의 민주주의적 운동으로서 해방을 향한 대중 정치의 여러 수단 중 하나를 지칭한다.

나는 철학의 용어로서의 '공산주의'를 형식적인 것과 현실적인 것이라는 두 가지 의미의 통일을 나타내는 주체적 실존이라고 부를 것을 제안한다. 말하자면, 그것은 사유의 장소를 지칭하는 가설이고, 이 장소에서는 그 자체로 현재의 민주주의적 국가와는 완전히 다른 민주주의적 정치의 실존을 위한 현실적인 조건이 철학의 형식적 조건을 지탱한다. 다시 말해 공산주의란 어떤 장소의 가설인데, 거기서는 누구든 의문을 제기할 수 있는 논변의 자유로운 규약에의 종속이 지배적이고, 그 지배의 원천은 해방적 정치의 현실적 존재 안에 있다. 어떻게 보면 '공산주의'는 그 안에서 집단적 행동에 속하는 해방적인 기획이 철학이 요구하는 사유의 규약들과 구별되지 않는다고 할 만한 주체적 상태일 것이다.

물론 여러분은 거기서, 어쨌든 수호자들의 귀족정aristocratie을 인민의 집단성 전체로 확장시키려 했던 플라톤의 욕망을 발견할 것이다. 그 희망에 대해 다음과 같이 말할 수 있을 것이다. 인간의 집단성이 평등으로 나아가고자 애쓰는 곳 어디에서나 그 조건들은 모든 사람이 철학자이기 위해 결합된다. 바로 그런 이유로 19세기에 수많은 철학적 노동자들이 있었던 것이다. 랑시에르는 매우 훌륭하게 그러한 노동자들의 존재와 의지를 서술한 바 있다. 또한 바로 그런 이유로 중국의 문화혁명 시기에 공장에서 노동자들이 조직한 변증법적 철학 서클들이 나타나는 것을 우리는 보았던 것이다. 다시 브레히트를 언급하자면, 비록 일시적인 것이라 해도 그에게 연극은 해방이 가능한 장소였고, 그래서 그는 변증법의 친구들의 모임을 창시하고자 했던 것이다.

결국 정치, 민주주의 그리고 철학 사이의 모호한 매듭의 열쇠는 정치의 독립성이 철학의 민주주의적 조건이 변모하는 장소를 창조한다는 데 있다. 그런 의미에서 모든 해방의 정치는 철학을 위해 보이건 보이지 않건 실제로 그 보편성을 완수하는 모토를 담고 있다. 그 모토는 다음과 같다. 모두가 함께이기에, 결국 모두는 공산주의자들이다! 그리고 모두가 공산주의자들이기에, 모두는 철학자들이다!

여러분이 알다시피, 이 점에 대한 플라톤의 근본적인 직관은 평등하고, 절도 있고, 고결하고, 공산주의적인 방식으로 살아가는 철학자들의 탁월함에 일의 관리를 위임하는 데로만 나아갔다. 그것은 아인슈타인에게서 차용한 은유인 제한된 공산주의라고 부를 수 있을 만한 것이다. 중요한 것은 철학 속에서 일반화된 공산주의로 넘어가는 것이다. 만일 그 이름이 우리 시대의 정치가 갖는 실천적 사유la pensée-pratique를 통해 구성된 정치적 장소에 더욱 어울리는 것이라면, 우리의 도시-국가Cité는, 테러의 이념에 겁을 집어먹은 우리의 민주주의자들이 '현실주의'라는 이름으로 사유재산, 유산상속, 부의 집중, 분업, 금융 범죄, 신-식민주의적 전쟁들, 가난한 자들에 대한 박해 그리고 부패를 불가피한 것으로 간주하는 것처럼, 플라톤이 분명히 불가피하다고 믿었던 사회적 구분에 무관심하게 될 것이다. 그 결과 이 도시-국가는 또한 철학의 보편성에 대하여 그 출처와 방향 사이의 구별에 무관심하게 될 것이다. 모두에게서 오는 동시에 모두를 향하는 철학의 실존은 그렇게 정의될 것이다. 그 실존의 원점과 종점에서, 정치의 조건 아래에 있는 철학은 용어의 공산주의적인 의미에서 민주주의적일 것이므로.

# 병사의 형상*

---

* 〈병사의 형상La figure du soldat〉은 2006년 5월에 캘리포니아 대학에서 영어로
진행된 강연이었는데, 그것을 이자벨 보도즈가 번역했다.

어느 시대, 어느 역사적 시퀀스이건 우리에게 중요한 것은 우리의 가능성들을 뛰어넘는 것과의 관계, 이념으로서 인간 동물의 자연적 필요들 저편에 존재하는 것과의 관계를 유지하는 데 있다. 사랑의 구축, 예술적 창조, 과학적 발견들, 정치적 시퀀스들과 같은 중차대한 경험의 틀 안에서, 삶의 결정, 사회적인 결정들의 한계를 넘어서는 가능성이 우리에게 주어진다. 우리의 고유한 인간성의 틀 안에서, 우리는 인간이 타고난 비인간성의 요소, 명석하고 평화로운 동시에 모호하고 폭력적인 비인간성의 요소와 대결해야 한다. 그것이 바로 장-프랑수아 리오타르가 그 유명한 '인간의 권리'란 사실상 '무한의 권리'라고 쓸 수 있었던 이유이다. 실제로 비인간적인 것이 인간적인 것의 창조적인 부분인 한, 인간성은 동물성으로 환원될 수 없다. 인간적 창조가 아직 존재하지는 않지만, 생성되어야만 하는 인간적 '본성'의 그러한 부분을 출현하게 하는 것은 바로 비인간적인 것의 요소 안에서이다. 자연적인 전체성으로서의 인간성은 존재하지 않는다. 왜냐하면 인간성이란 그것의 내재적 비인간성의 요소를 누르고 쟁취하는 국지화된 승리들과 동일하기 때문이다.

우리 안에 있는 비인간성의 요소에 대한 그런 경험을 수용하고 옹호하기 위해 모두가 인간 동물인 우리는 몇 가지 비물질적인 수단들을 동원해야만 한다. 우리는 비인간적인 것의 위험하고도 풍요로운 요소 안에서 인간성 자체의 너머에 존재하는 이 인간성의 상징적 재현을 창조해야만 한다. 나는 이러한 종류의 재현을 영웅적인 형상이라고 부른다. 여기서 문제가 되는 행동의 유형이 본질적으로 식별할 수 있는 형식이기에 그것은 '형상'이다. 그리고 영웅적 행위란 인간의 행동 속에서 작동하는 본래 무한한 것이기에 그것은 '영웅적'이다. 영웅적 행위, 그것은 구체적인 상황 속에서 인간 동물의 자연적 한계 저쪽에 있는 인간성을 떠맡는 무언가의 빛나는 출현이다.

나는 우리의 역사적 시간이 방향을 잃었다고 마음속 깊

이 믿는다. 지난 20세기는 본질적으로 부정적인 영웅적 방향 설정의 세기였다. 20세기는 생성의 도정에 있는 인간성의 이름으로 내재적 비인간성의 모든 형식들을 옹호하고자 하는 냉혹한 의지를 통해 규정되었다. 그 이념은 어떤 대가를 치르든 새로운 세계와 새로운 인간을 창조하는 것이었다. 때때로 어둡고 무서운 모습을 한 영웅적 형상들이 도처에서 소환되었다. '혁명'이라는 말은 이러한 파괴적 경험을 종합했다. 공산주의 혁명, 모든 예술의 예술적 파괴, 과학기술 혁명, 성적 혁명. 낡은 전통들의 종말이라는 형상은 파괴라는 영웅적 행위였고, 새로운 실재를 무로부터 창조하는 것이었다. 새로운 신은 인간성 그 자체였다.

오늘날 이러한 배치dispositif 전체는 위기에 처해 있다. 그 위기의 징후들 중 하나가 낡은 전통들의 복귀와 죽어버린 옛 신들의 부활이라는 외양이다. 모든 영웅적 형상들은 역시 오래전부터 있었다. 예를 들어 종교적 희생과 피비린내 나는 광신주의처럼 말이다. 그러한 형상들과 같은 방식으로는 어떤 새로운 것도 도래할 수 없다. 그러한 형상들은 인간적인 것과 비인간적인 것을 분리하는 것이지 인간성의 역사적 존재의 새로운 시퀀스 안에 비인간적인 것을 통합해내는 것이 아니다. 그럼에도 모든 영웅적 형상의 부재가 확실히 과

거의 희생보다 더 가치 있는 것은 아니다. 왜냐하면 그 대신 들어선 것은 살인적인 기술이라는 완전한 비인간성, 삶의 모든 측면들에 대한 관료적인 감시이기 때문이다. 우리에게 주어진 것은 자국민들을 겨누는 국가들의 전쟁을 포함하는 살육 전쟁 또는 최소한 경찰 통치의 수준에서 벌이는 전쟁들, 확신 또는 믿음의 형식을 조금도 추동하지 않는 전쟁들이다. 실제로 상징적인 창조적 가치의 요소를 포함하는 능동적인 형상이 부재하는 가운데, 우리에게는 과거의 종교적 희생과 자본주의적인 통제의 맹목적인 의지 사이의 무형의 충돌만이 있다. 그리고 이러한 전쟁은 도처에서 사람들을 방향 상실에 빠뜨리고, 특히 상당수의 청년 대중을 최악으로 치닫는 허무주의와 이념 없는 절망의 장소로 몰아간다.

이 방향 상실은 우리에게 영웅적 형상들의 운명을 성찰하는 임무를 부과한다. 우리의 문제는 새로운 항목들 속에서 형식화될 수 있는데, 이 항목들은 언제나 그렇듯 명백한 딜레마에 속한다. 방향을 잃어버린 시대에 우리는 종교적 희생이라는 낡고 치명적인 형상이 복귀하는 것을 받아들일 수 없지만, 어떤 형상도 전혀 없다는 것, 영웅적 행위에 대한 모든 이념이 철저하게 소멸했다는 것도 역시 받아들일 수 없다. 왜냐하면 이 두 가지 가설은 인간성과 인간성이 갖는 비인간성의 요소 사이의 모든 변증법적 관계의 종말로 결론지어지고, 그에 따라 존재하는 것을 관리하는 무기력하고 폭력적인 세계 속에서 모든 창조적인 차원은 붕괴되기 때문이다. 두 가지 경우 모두 결과는 니체가 '최후의 인간'이라 불렀던 것의 비극적인 성공일 수밖에 없다. '최후의 인간', 그것은 모든 형상을 잃어버린 인간의 창백한 형상이다. 그것은 일탈의 모든 가능성이 없는 인간 동물이 갖는 굳어진 본성의 허무주의적 이미지인 것이다.

우리의 임무는 종교적인 또는 민족적인 희생이라는 낡은 형상의 복귀도, 최후의 인간이라는 허무주의적 형상도 아닌 새로운 영웅적 형상을 창안하는 것이다. 방향을 상실한 세계 안에서 영웅적 행위의 새로운 유형을 위한 자리는 있는가?

하지만 처음부터 시작하도록 하자. 우리는 지난 역사적 시퀀스 동안 있었던 형상들이 지닌 주요 특성들을 분석해야만 한다. 우리는 그것을 다음과 같이 열거할 수 있다.

영웅적 행위가 갖는 장소의 전형은 전쟁이었다.

1789년(프랑스대혁명의 시작)에 시작하여 1976년(중국 문화대혁명의 종말)까지 지속된 혁명적 시퀀스 동안 모든 영웅적 형상들의 전형은 병사였다.

이 병사의 형상은 앞선 두 세기의 창조물이다. 왜냐하면 그 이전의 전쟁들에서 보이는 영웅적 형상은 병사가 아니라 전사le guerrier였기 때문이다.

전사의 형상이 지니는 창조적 가치는 서사시를 통해, 병사의 형상이 지니는 창조적 가치는 낭만주의적이고 후기-낭만주의적인 서정시를 통해 드러난다.

오늘날의 이미지들(영화, 텔레비전 등)에서 우리는 전사에 대한 향수에 주목하는데, 이는 허무주의적인 개인주의의 압력으로 병사의 형상이 붕괴되었음을 알리는 기호이다.

큰 문제는 전쟁 저편에 있는 영웅적 행위의 패러다임을 창조하는 것, 전사의 형상도 병사의 형상도 아닌 형상을 창조하는 것이다. 그렇다고 해서 단지 희생이라는 수동적 형식일 뿐인 기독교적 평화주의로 복귀하지 않으면서 말이다.


프랑스대혁명 이전의 영웅적 행위의 낡은 형상은 개별 전사의 형상이었다. 그것은 모든 나라들의 영웅적 서사시들의 중심적 형상이었고, 또한 개인적인 '영광'이라는 방식으로 무훈武勳의 귀족적이고 군주적인 관념을 유지해왔던 형상이었다. 이 형상은 이념과의 관계를 통해 규율을 형식화하지 않는다. 그것은 자기 확신의 형상, 가시적 우월성을 격상시키는 형상이다. 전사의 모습을 한 고전적 영웅은 운명을 떠맡거나 세습적 신분을 내세우기 때문에 창조적 자유의 형상이 아니다. 전사의 형상은 승리와 운명, 우월성과 복종을 결합한다. 전사는 강하지만 그 힘을 사용하는 데는 진정 선택의 여지가 없다. 대개 그의 죽음은 끔찍하고 어떤 명확한 의미도 없다. 전사의 형상은 분명 인간성 너머에 있다. 왜냐하면 결국 그 형상은 인간 동물과 신들 사이에 있기 때문이다. 그것은 그다지 창조라 할 수 없다. 오히려 일종의 장소, 즉 현세를 넘어서는 착상의 결과이다. 그 형상은 귀족적인 형상이다.

프랑스대혁명은 전사의 개인적이고 귀족적인 형상을 병사의 민주주의적이고 집단적인 형상으로 대체했다. 거기서 그 형상은 인간적인 것과 비인간적인 것의 관계에 대한 새로운 상상계였다. 그 기본 개념은 자신의 조건을 고려하지 않은 채, 공동의 적에 맞서는 모든 인민 혁명가들의 동원인 '국민 총동원'의 개념이었다. 본질적인 것은 이 형상이 갖는 집단적 차원이었다.

병사에게는 고유명이 없다. 그는 이념Idée의 힘으로 위대한 규율을 자각하고 있는 부분이다. 그는 결국 익명적이다.

우리는 파리의 개선문 아래에 무명용사le Soldat inconnu를 기념하는 불꽃이 항상 타오르고 있다는 것을 알고 있다. 그리고 실제로, 병사라는 상징적 형상의 진정한 본질은 무명無名이라는 데 있다. 그 형상의 기본적 차원은 개인의 영혼이나 신에 전혀 기대지 않는, 용기 있는 죽음과 불멸성 사이의 변증법적인 통합이다. 그것은 집단적이고 익명적인 용기를 가진 어떤 불멸적인 것을 창조하는 민주주의적인 영광이다. 우리는 여기에서 어떤 내재적인 불멸성에 대해 말할 수 있다.

분명히 여기에서 그것은 시적인 이념이다. 낭만주의는 다른 신성한 세계가 아닌, 우리 세계의 시적인 경험에 내적인 영원한 어떤 것의 이념을 우리에게 친숙한 것으로 만들었다. 그리하여 빅토르 위고Victor Hugo로부터 홉킨스Gerard Manley Hopkins나 샤를 페기Charles Péguy를 거쳐 윌리스 스티븐스에 이르는 여러 시인들은 병사를 익명적이며 영광스러운 형상으로 노래했다.

병사의 형상이 거친 이러한 예술적 전환은 매우 중요하다. 왜냐하면 실제로 문제가 되는 것은 또한 정치적 몸짓이기 때문이다. 확실히 정치의 모든 혁명적인 시퀀스가 지속되는 동안 병사의 형상은 전형적인 것이었다. '혁명의 병사인 것'은 공유된 신념이었다. 흔히 시는 정치적 주체성을 선취하고 밝혀낸다. 그것이 내가 여기서 시에 기대는 이유이다.

나는 여러분을 위해 두 개의 시를 선택했다. 하나는 영국 시인 제라드 메인리 홉킨스가 1888년에 쓴 시이며, 하나는 미국 시인 월리스 스티븐스가 1944년에 쓴 시다. 두 시가 공유하고 있는 것, 그것은 병사의 영웅적 행위와 익명적이고 비종교적인 죽음에 대한 승리 사이의 일종의 상호성이라는 이념이다. 설령 홉킨스가 직접적으로 기독교적인 모티프들을 시화詩化한다고 하더라도 말이다.

우선 누스Nous 출판사에서 장 맘브리노Jean Mambrino의 번역으로 나온 홉킨스의 시를 보도록 하자.

병사

그렇다. 왜 우리 모두는, 한 병사를 바라보며, 그를 축복하는
　가?
우리의 붉은 빛, 우리의 푸른 깃들. 그들 중 대부분은
약한 진흙, 심지어 더러운 진흙일 뿐이건만. 그 대답은 우리의
　가슴
왜냐하면, 자랑스러운, 그 일 용감하다고 명명하기에,
사람들이 역시 그렇다고 짐작하고, 바라고, 확신하며,

그것은 그의 예술 이후의 예술가를 상상하고, 가장하고, 높이

　평가하며,

그리고 기꺼이 모두가 진정하다는 것을 알게 되는데, 모두가

　멋지기에,

붉은 제복이 전쟁의 정신 그 자체를 표현하기에.

보라, 우리의 왕 그리스도. 그는 전쟁을 알고, 꾸준히 그것에

　병사로 복무했다.

그 누구도 활대를 더 잘 잡아당기지 못한다. 그리고 그는 기쁨

　으로 기다리며

인간이 할 수 있는 모든 일을 하는 어떤 인간을 어딘가에서 지

　켜보며,

사랑으로 몸을 숙여, 그의 목을 내밀어, 입맞추며,

그리고 외친다. '오 그리스도가 한 행동이구나! 육화-된-신도

　그리하리라

만일 내가 돌아온다면', 그리스도는 외친다, '나는 그리 할 것

　이다'


세 가지의 논평만을 제시하자.

　1) 홉킨스에 관하여, 문제는 명백히 형상의 문제, 패러다

임의 문제이다. 저마다 병사를, 병사의 순수한 외관을 축복

한다. "우리의 붉은 제복들garances, 우리의 푸른 깃들cols bleus." 그것은 그 외관이 "전쟁의 정신 그 자체"이기 때문이다. 병사는 보는 것, 즉각적인 또는 감각적인 상징적 재현에 속한다. 전쟁의 정신은 병사를 통해 명백하게 가시적인 것으로 드러난다.

2) 이런 전쟁의 정신은 왜 그리도 중요한가? 그것은 이 정신이 위험과 죽음을 넘어서는 인간적 능력의 표현이기 때문이다. 이는 신Dieu 자신이 '그리스도'라는 이름하에서 그런 것처럼 인간 존재가 완전해지고 승리를 거두는 상황이다. 그리스도가 그의 구원적인 기능 속에서, 그리고 그 결과 신이라는 단순한 동일성을 넘어서서 신을 육화하는 것처럼, 우리에게 "인간이 할 수 있는 모든 일을 하는 인간"을 보여주는 익명의 병사는 동물적인 덧없음을 넘어, 죽음에 대한 공포를 넘어 인류를 육화한다. 그런 이유로 신의 진정한 본질은 그리스도의 모습으로 성취되며, 인류의 진정한 본질은 병사의 형상을 통해 해방된다.

3) 그러나 이러한 인류의 본질은 단순한 성취 너머로 나아간다. 그 본질은 본질적이라기보다는 실존적이다. 병사는 인류를 변형시키는 형상이다. 그리스도의 죽음을 통해 부활을 얻는 것과 꼭 마찬가지로 우리는 병사의 행동을 통해 영

원한 무언가를, 새로운 삶을 얻는다. 병사를 바라보는 신 자신의 외침이 그것을 증언한다. "오 그리스도가 한 행동이구나!"

결국 우리가 말할 수 있는 것은 병사란 진리에 포획되는 순간의 인간 존재가 갖는 세 가지 근본적인 특성들을 포함하는 하나의 은유라는 점이다. 우선 그것은 모두를 위한 예이고, 보편적인 전달이다. 다음으로 그것은 사람들이 결코 불가능하다고 생각했지만 누군가에 의해 완성될 수 있는 것의 유형 자체이며, 어떤 새로운 가능성의 창조이다. 마지막으로 그것은 참된 이념에 봉사하는 행동에 불멸의 것 또는 영원한 것이 있음을 보여주는 예이다. 그것은 내재적 불멸성의 창조인 것이다.

우리는 스티븐스에게서 이러한 모든 것을 다시 발견한다. 비록 그것이 더 침울한 인상을 자아내지만 말이다. 내 생각에 월리스 스티븐스는 20세기 최고의 미국 시인이다. 그는 1879년에 태어나 젊은 시절에 1차 세계대전을 겪었다. 그리고 1955년에 죽었기 때문에, 그는 또한 2차 세계대전의 끔찍한 살육을 목격했다. 그는 병사의 형상이 갖는 보편성의 절정과 종말을 겪었다. 그 기간 동안 스티븐스가 쓴 작품 제목들이 그것을 보여준다. 1943년에 그는《세계의 단편들Parts of a World》이라는 제목의 시집을 출간하는데, 이 제목은 완전한 전체성으로서 세계의 종말이라는 이념을 담고 있다. 이 시집에서 우리는 명시적으로 영웅의 문제와 맞닥뜨린다. 그중 위대한 시 한 편이 전쟁의 시대의 영웅에게 바쳐지는데, 그 형상의 힘, 가치와 관련하여 그 결말은 불확실하다. 내가 선택한 시는《여름으로의 이송Transport to Summer》이라는 시집에 들어가 있다. 스티븐스의 작품에서, 존재와 출현apparaître이 식별 불가능해지는 지점의 이름이 태양인 것과 꼭 마찬가지로, 여름은 언제나 긍정affirmation의 이름이다. 스티븐스에게 전쟁은 더 이상 새로운 영웅주의의 자연스러운 장소가 아니다. 왜냐하면 전쟁은 태양의 명증성, 순수하게 긍정적인 여름의 명증성의 종말이기 때문이다. 그래서 문제는 다음과 같다. 수많은 인간을 희생시킨 여러 전쟁 이후, "여름으로의 이송"은 어떻게 다시 이해될 수 있는가? 전형적인paradigmatique 병사의 죽음 이후, 우리는 다시 한 번 존재와 긍정적인 사유의 진정한 출현과도 같은 어떤 것과 만나기를 희망할 수 있는가? 스티븐스에게 병사는 어떤 다른 형상을 통한 필연적인 지양의 불분명한 시작에 놓여 있는 영웅, 시를 자신의 암호문으로 삼는 영웅이다.

프랑스어로 붙여진 그 시의 제목은 〈악의 미학Esthétique du mal〉이다. 이는 보들레르(《악의 꽃 Les fleurs du mal》)를 차용한 것이다. 그 제목은 바로 그 시가 미학과 악 사이에, 남아 있는 형상적 미와 그것의 침울한 사라짐 사이에 위치한다는 것을 우리에게 가리킨다. 병사의 형상은 시의 일곱 번째 절에서 나타난다. 그 절을 크리스티앙 칼리아니스의 (약간 손질된) 번역을 통해 보도록 하자.


얼마나 붉은가, 병사의 상처인 장미는,

많은 병사들의 상처들, 모두의 상처들은

피로 붉게 물들어 쓰러진 병사들,

불멸의 크기까지 커진 시간의 병사.


수월함이 영원히 사라진 산,

더욱 깊은 죽음에 대한 무관심이

수월하지 않은 한, 어둠 속에서 그림자의 언덕이 솟아

거기서 시간의 병사는 불멸의 안식을 찾는다.


그림자로 에워싸인 둥근 원은, 그 자체로

움직이지 않지만, 바람을 따라 움직이며,

잠 속에서 신비로운 나선을 이루어낸다

자신의 침상에서 불멸하는 붉은 병사의 짧은 잠.


동료들의 그림자는 그를 에워싼다.

깊은 밤에, 여름은 그들을 위해 숨을 불어넣는다.

자신의 향기를, 무거운 졸음을, 그리고 그를 위해,

시간의 병사를 위해, 여름날의 잠을 불어넣는다,


거기서 그의 상처는 좋은 것이다, 삶이 좋았기에.

그의 어떤 일부도 죽음의 일부는 결코 아니었다.

한 여인은 손으로 자기 이마를 쓰다듬는다

그리고 시간의 병사는 그 어루만짐 아래 고요히 눕는다.


다시 한 번, 세 가지 논평을 제시하자.

1) 여기서 그 병사는 홉킨스의 작품에서처럼 겉모습이나 행동을 통해 재현되지 않는다. 그는 상처와 죽음을 통해 재현된다. 그 색은 핏빛이다. 상처를 형식화하는 것이 장미인 한("얼마나 붉은가, 병사의 상처인 장미는") 그럼에도 우리에게 주어지는 것은 확실한 변형transfiguration이다. 그리고 그 상처 자체는 장미와 같이 삶의 은총을 상징한다("상처는 좋은 것이

다, 삶이 그러하기에"). 따라서 병사는 삶과 죽음 사이의 긍정적인 매개이다.

2) 병사는 시간을 통해 만들어진다. 모든 병사는 "시간의 병사"이다. 왜? 전쟁, 현대의 전쟁은 개인적인 운명을 견뎌내는 오만한 전사들이 치르는 눈부신 전투로 이루어지지 않는다. 현대의 전쟁은 수백만의 익명의 병사들을 위한 긴 인내souffrance의 기간이며, 진창과 폐허 속에서 죽음에 노출되는 어두운 기간이다. 그렇지만 그 시간은 시간 저편에 있는 무언가를 창조하며, 그 죽음은 죽음 저편에 있는 무언가를 창조한다. 시 전체는 시간과 불멸성 사이의 어떤 관계, 불투명하지만 시적으로 본질적인 어떤 관계를 수립한다. 그 문구는 "시간의 병사는 불멸의 안식을 찾는다"는 것이다. 그런 것이 국가의 야만성이 그를 삼키는 순간에 드러나는, 병사의 형상이 갖는 궁극적인 힘이다. 병사에게는 위대한 무언가가 있다. 그는 기어코 시간과 불멸성 사이의 신 없는 연관을 창조하기 때문이다.

3) 마지막으로 병사란 태양의 명증성, 여름의 창조적 힘이 갖는 새로운 형식이라고 말할 수 있다. 여름은 죽음의 밤 가운데 있다. "깊은 밤에, 여름은 그들을 위해 숨을 불어넣는다/ 자신의 향기를, 무거운 졸음을, 그리고 그를 위해,/ 시

간의 병사를 위해, 여름날의 잠을 불어넣는다." 그런 의미에
서, 여름의 명증성에 감화 받은 죽어가는 병사는 죽음에 상
처입지 않은 채로 남는다. 그것이 빛나면서도 알듯 말듯한
다음 문구의 의미다. "그의 어떤 일부도 죽음의 일부는 결코
아니었다." 소멸할 몸과 피로 물든 상처로 요약된다 해도 병
사의 형상은 종교적 희생의 다양한 형식들과 조금도 혼동되
지 않는다. 죽은 병사는 삶 그 자체, 장미, 밤 속에서의 여름
의 불멸성으로 남는다.

이 모든 것으로부터 우리는 어떤 결론을 내릴 수 있는
가? 병사는 자기 자신의 한계를 넘어 무언가를 창조하는, 또
한 몇몇 영원한 진리들을 창조하는 데 참여하는 인간 동물
들의 능력에 관한 두 가지 매우 중요한 특성들을 보여주는
현대적 상징이었다. 우리는 이 두 가지 특징이 무엇인지 알
고 있다. 첫째, 병사의 형상에 있어 그 창조란 종교적인 믿음
에 의존하지 않은 채 집단적이고 내재적일 수 있다는 것. 둘
째, 그 창조란 시간 이후가 아닌 시간 그 자체 안에서 영원하
다는 것.

그러나 그 형상의 한계는 우리가 보았던 두 시에서 명백
하게 드러난다. 홉킨스의 작품에서 우리는 병사의 영광스런

형상이라는 불가피한 은유가 기독교적 요소 안에 머물러 있는 것을 본다. 병사는 죽음과 부활이라는 행위를 반복한다. 홉킨스는 그들이 우리의 신과 마찬가지라고 말한다. 그러나 만약 니체가 우리 모두에게 가르치는 것처럼 신이 죽었다면 어떻게 되는가? 스티븐스의 작품에는 상처와 죽음의 시적인 변형transfiguration을 통해 표현된 여름과 태양의 우울한 존속이 있다. 그러나 만일 전쟁이 우리 시대에서처럼 완전히 어두운 살육이 된다면 어떻게 되는가?

병사의 시적 변형은 또한 그 형상의 종말이 화려하게 시작됨을 말한다. 그렇다면 우리의 과제는 명확해진다. 민주주의적인 병사의 시대와 귀족적인 전사의 시대는 확실히 지나갔다. 그러나 그렇다고 해서 우리가 역사의 평온한 종말에 도달한 것은 아니다. 정반대로 우리는 혼란 속에, 폭력과 불의 속에 살고 있다. 그러므로 우리는 집단적 행동을 위한 새로운 상징적 형식들을 창조해야만 한다. 우리는 거의 20세기 내내 그랬던 것처럼, 전면적인 부정과 '최후의 전쟁'이라는 맥락 속에서 그것을 창조할 수 없다. 우리는 끝없이 이어지는 충돌의 그물망에 조여진 진리의 국지적 긍정 속에서 새로운 진리들을 애써 옹호해야 한다. 우리는 새로운 태양을, 달리 말하면 새로운 정신적 배경paysage을 찾아야 한다.

당분간 우리의 발명이 갖는 규모는 중요하지 않다. 스티븐스가 말하는 것처럼, "태양은 어디에 있건 배경"이기 때문이다.

# 정치: 비표현적인 변증법 *

* 이 글 〈정치: 비표현적인 변증법La politique: une dialectique non expressive〉은 2005
년 11월 26일 런던 대학의 버벡 인문학 연구소Birbeck Institute for Humanities에서 영
어로 발표된 강연을 수록한 것이다. 이자벨 보도즈가 번역했다.

나는 오늘 지난 20세기와 관련하여 우리가 고전적인 혁명적 정치에 대해 말할 수 있다고 생각한다. 그리고 나의 테제는 우리가 고전적인 혁명적 정치 너머에 있다는 것인데, 그 정치의 가장 중요한 특징은 내가 표현적 변증법이라고 부르는 것이다. 고전적인 관념에서처럼 정치적 투쟁들, 봉기들, 혁명들은 구조적 효과들이 아니라 계기들이라는 점, 그 계기를 포착하고 정황들을 명명하는 것은 우리의 몫이라는 점 등은 분명하다. 그러나 그 계기, 정치적 투쟁들은 사회적 모순들을 표현하고 집중시킨다. 그것이 봉기가 순수하게 단독적이며 동시에 보편적인 이유이다. 봉기가 순수하게 단독적인 것은 그것이 계기, 순수한 계기이기 때문이고, 봉기가 보편적인 것은 마침내 그 계기가 기본적인 일반적 모순들의 표현이기 때문이다.

같은 방식으로—그리고 그것은 표현적 변증법의 다른 측면인데—혁명 정당, 혁명적 조직은 노동계급을 대표[재현]한다. 그렇게 우리는 마르크스주의의 진정한 핵심을 구성하는 것에 대한 레닌의 유명한 문구를 만난다. "대중은 계급으로 분할되고, 계급은 당들에 의해 대표[재현]되거나 표현되며, 당들은 지도자들에 의해 통솔된다." 따라서 이는 결국 대중의 역사적 행동에서 어떤 고유명으로 나아가는 무언가가 우리에게 주어져 있다는 것을 말한다. 어떤 위대한 지도자의 이름은 정치적 과정의 변전變轉 전체에 대한 상징적 표현이다. 기술적으로 우리가 말할 수 있는 것은 대중의 창조성의 계기로부터 계급들 사이의 모순에 대한 진정한 검토로 이동하기 위해, 우리는 레닌주의, 스탈린주의, 트로츠키주의, 카스트로주의, 마오주의 등과 같은 고유명의 힘 아래에 위치해야 한다는 점이다. 그리고 그것은 또한 지도의 문제, 정치적 영역 안에서의 고유명의 위치에 대한 문제가 오늘날 매우 중요한 이유이다. 실제로 대중, 계급 그리고 고유명이라는 관념conception은 매우 강한 관념이다. 이 관념은 동시에 단독성과 보편성의 관계에 대한 관념인데, 이는 대중의 행동의 절대적인 보편성과 마주한 고유명의 단독성이다. 안타깝게도 이 관념은 십중팔구는 포화되고 종결되었다. 따라서 나의 목적은 오늘 단적으로 정치적 변증법의 비표현적인 관념, 즉 대중의 행동이 고유명으로 넘어가는 그런 유형의 이동을 금지하는 관념으로 통하는 길을 여는 것이다. 이러한 새로운 관념 안에서, 혁명적 정치는 더 이상 사회적 모순들의 집중에 대한 표현이 아니라 집단적 행동을 움직이게 하고, 그 행동을 사유하는 새로운 방법이다.

그와 같이 정치적 과정은 객관적 현실의 단독적 표현이 아니라 어떤 의미에서 그러한 현실로부터 분리된 것이다. 그것은 표현의 과정이 아니라 분리의 과정이다. 변증법의 플라톤적 전망 속에서 진리가 의견들로부터 분리되는 것과 정확하게 같고, 또한 라캉적 관념 속에서 진리가 지식으로부터 분리되는 것과도 정확히 같다. 그것은 결국 모순도, 부정도 아닌 분리이다.

여러분이 알다시피, 나는 진리의 정치에 대해 말한다. 왜냐하면 나는 분리의 정치에 대한 가능성 —실재적이고 논리적인 가능성 —에 대해 말하기 때문이다. 어떤 의미로는 황폐화된, 군대 없는 전장인 현재의 정치적 영역 속에서 권력과 부를 보호하는 법과 질서를 기본 개념으로 삼는 반동적 정치—자유주의라고 말하자—와 평화와 정의가 지배하는 새로운 세계에 대한 집단적 욕망을 기본 개념으로 삼는 혁명적 정치는 빈번하게 대립한다. 오늘날의 표현적 변증법, 그것은 법의 보수적 차원과 욕망의 창조적 차원 사이의 관계다. 나는 비표현적인 변증법의 영역 안에서, 실재적인 정치적 진리가 법과 욕망의 대립 너머에 위치한다는 것을 보여주려 한다.

나는 매우 멀리 떨어진 지점에서 출발할 것이다. 실제로 나는 논리적인 농담에서 출발하려 한다. 여러분에게 사과, 배, 딸기, 자두 등의 맛있는 과일로 채워진 대접이 있다고 생각해보자. 여러분이 알 수 있는 것처럼, 그런 종류의 대접은 실재적 욕망의 단초를 이룬다! 그러나 어느 날, 이유는 모르지만 그 대접의 내용물이 완전히 뒤바뀐다. 사과, 배, 딸기 또는 자두 곁에 우리는 자갈, 달팽이, 진흙 덩어리, 죽은 개구리들과 엉겅퀴로 이루어진 황당한 혼합물을 발견한다. 주지하다시피 그것은 대접을 정리하라는 요구의 단초다. 중요한 것은 좋은 것을 역겨운 것으로부터 즉시 떼어놓는 것이다. 여기서 문제는 분류의 문제다. 지금 이것은 나의 논리적인 농담의 진정한 시작일 뿐이다. 문제가 되는 변모 이후에, 이 대접에 담긴 내용물의 정상적인 부분은 정확하게 무엇인가?

그 내용물을 순수한 집합으로 간주해보자. 이 집합의 원소들, 즉 대접의 내용물인 원소들은 명백하게 사과, 딸기, 엉겅퀴, 진흙 덩어리 그리고 죽은 개구리들이다. 명백하게 그렇다. 그러나 그 대접의 부분들, 대접의 내용물들로 이루어진 집합의 부분들―또는 그렇게 말하는 편이 낫다면 부분집합들―은 어떤 것들인가? 한편으로 우리에게는 정해진 이름을 가진 부분들이 있다. 모든 딸기들을 포함하는 부분을 예로 들어보자. 그것은 명백하게 그 대접의 부분이다. 마찬가지로 여러분은 모든 죽은 개구리들을 하나의 부분으로 선택할 수도 있다. 그것은 역겨운 부분이지만 그래도 한 부분, 정해진 이름을 가진 부분이다. 여러분에게는 또한 더 크고 일반적인 부분이 주어질 수 있다. 예를 들면 모든 과일들을 포함하는 부분 말이다. 이것 역시 정해진 이름을 갖는 부분이다. 우리는 그런 종류의 부분이 언어 안에서 분명한 술어와 결합된다고, 괜찮다면 그것이 하나의 술어적 부분이라고 말할 수 있다. 그러나 다른 한편으로 여러분에게는 아주 이상한 다수성들이 있다. 사과 두 개, 엉겅퀴 세 개, 그리고 세 개의 마른 진흙 덩어리들로 이루어진 부분은 무어라 말할 것인가? 그것은 분명히 대접의 내용물로 이루어진 부분이다. 그러나 또한 확실하게 그것은 이름이 없는 부분, 정해진 이름이 없는 부분이다. 여러분은 이런 종류의 부분에 속한 원소들, 그런 종류의 부분집합에 속한 원소들의 목록을 만들 수 있고 이런 것, 저런 것들이 있다고 말할 수 있다. 그러나 여러분은 종합적인synthétique 이름을 가질 수 없고, 오로지 열거된 목록만을 가질 수 있다. 그런데 여러분이 그런 종류의 대접을 앞에 놓고 있을 때, 일반적으로 법—사람들이 법이라고 부르는 것—은 그러한 유형의 상황 속에서 합리적인 질서의 규정이다. 법은 집단적 삶이라는 대접의 부분들 중 몇몇을 실제 존재하는 것으로 인정하는 결정이다. 물론 가장 간단한 해결책은 오로지 딸기, 배, 과일, 엉겅퀴, 진흙과 같이 정해진 이름을 가진 부분들만을 인정하고, 사과, 엉겅퀴 그리고 죽은 개구리들의 혼합물과 같이 어떤 이름도 없는 부분들을 금지하는 것이다. 그처럼 법은 언제나 허용된 것과 금지된 것을 결정할 뿐만 아니라, 또한 실제로 어떤 정해진 이름 아래 존재하는 것, 정상적인 것을 결정하고, 명명 불가능한 것, 따라서 실제로 존재하지 않는 것, 말하자면 실제적인 전체의 비정상적인 부분인 것을 결정한다. 어떤 법이 결국 언제나 실존의 결정이라는 점에 주의하는 것이 매우 중요하다.

문제는 집단적 전체성의 어떤 부분이 합법적인 관념의

틀 안에서 사실상 존재하지 않는다는 사실에 있다. 법의 문제는 결국 사법적이고 고전적인 문제일 뿐만이 아니라 존재론적인 문제, 다시 말해 실존의 문제이기도 하다. 그리고 최종적으로 푸코처럼 말하면, 말과 사물 사이의 관계에서 출발하여 구축되는, 언어와 사물이 실존과 맺는 관계의 문제다. 요컨대 법의 영역 안에는 명확한 기술記述에 부합하는 것만이 존재한다. 이제 문제는 욕망의 편에서 제기된다. 실제로 우리는 그 욕망이 어떻게 보면, 언제나 법의 견지에서는 존재하지 않는 무언가에 대한 욕망이라고 망설임 없이 말할 수 있다. 욕망은 법의 정상성 너머에 위치하는 어떤 것을 추구한다. 진정한 욕망의 실재적 대상은 언제나 사과인 동시에 엉겅퀴인 무언가인데, 이는 괴물에 대한 욕망이다. 왜 그런가? 왜냐하면 그 욕망은 정상성을 가로지르는, 정상성의 저편에 있는 순수한 단독성의 긍정이기 때문이다.

욕망과 법 사이의 관계, 서로 다른 실존의 형식들 사이의 관계를 보여주는 아주 간단한 수학적 예증이 있다. 집합이론 — 우리에게 주어진 것은 순수한 다수성의 이론이다 — 의 틀 안으로 들어가 절대적으로 평이한 다수성을 생각해보자. 흥미로운 점은, 어떤 기술적인 수단들을 통해 우리가 정해진 이름을 가진 그 집합의 부분집합에 대한 생각을 형식화할 수 있다는 것이다. 실존과 정해진 이름 사이의 관계 문제는 수학적 집합이론의 틀 안에서 형식화될 수 있다. 더 정확히 말해 정해진 이름을 갖는다는 것은 명료한 표현을 통해 정의되는 것을 의미한다. 여기서 그것은 20세기의 가장 위대한 논리학자인 쿠르트 괴델Kurt Gödel의 창안이다. 그는 그런 종류의 부분집합을 '구성 가능한' 부분집합이라고 불렀다. 구성 가능한 부분집합은 명료한 기술記述에 부합하는 집합의 부분집합이다. 통상적으로 우리는 다른 집합의 구성 가능한 부분집합인 집합을 '구성 가능한 집합'이라 부른다.

그렇게 내가 상위 법[칙]grande loi이라고 부르는 것의 가능성이 우리에게 나타난다. 상위법이란 법의 법 또는 법의 가능성이 실제로 재현하는 것의 법이다. 그리고 우리에게는 이러한 종류의 법에 대한 일종의 수학적 예가 주어지는데, 이것은 사물 또는 주체를 대상으로 하는 법일 뿐 아니라 법에 대한 법이기도 하다. 상위 법[칙]은 매우 간단한 공리의 형식으로 제시되는데, 그 이름은 '구성 가능성의 공리'이며, 모든 집합이 구성 가능하다는 것이 그 내용이다. 바로 그때 그것은 실존에 대한 결정이다. 말하자면 여러분은 존재하는 집합들만이 구성 가능하다고 결정하고, 실존에 대한 단적인 결정이 간단한 문구로 여러분에게 주어진다. 모든 집합들은 구성 가능하다는 것이 법들의 법이다. 그리고 그때 그것은 하나의 진정한 가능성이다. 여러분은 모든 집합들이 구성 가능하다고 결정할 수 있다. 왜 그런가? 왜냐하면 일반적 집합론의 틀 안에서 증명될 수 있는 모든 수학적 정리들은 또한 구성 가능한 집합들에 대해서도 증명될 수 있기 때문이다. 그러므로 일반적으로 집합들의 세계 안에서 참인 모든 것은 구성 가능한 집합들로만 이루어진 세계에 대해서도 참이다. 그렇게—그리고 그것은 법에 대한 일반적인 질문에 대해서도 매우 중요한데—우리는 모든 집합들이 구성 가능하다고, 또한 모든 다수성이 법에 의해 지배된다고 결정할 수 있으며, 그런 와중에 우리는 아무것도 잃지 않는다. 말하자면 일반적으로 참인 모든 것은 우리가 구성 가능한 집합들에만 그것을 적용할 때 또한 참인 것이다. 만약 우리가 아무것도 잃지 않는다면, 진리의 영역이 구성 가능성의 공리 아래에 있는 영역이라면, 그때 우리는 그것을 통해 법은 삶과 사유를 제한하지 않는다고, 법의 틀 안에서 삶과 사유의 자유는 같은 것이라고 결론지을 수 있다. 그것에 대한 수학적 모델은 우리가 모든 집합들이 구성 가능하다고 단언할 때, 말하자면 어떤 집합의 모든 부분들이 구성 가능하다고, 모든 부분들이 명료한 정의를 지닌다고 단언할 때, 우리가 아무것도 잃어버리지 않는다는 것이다. 그렇게 우리에게 주어지는 것은 부분들에 대한 일반적 분류, 진리를 전혀 잃지 않는 합리적 분류—어떻게 보면 사회의 분류—이다.

여기서 중요한 것은 매우 흥미로운 사실을, 순수한 사실을 환기시키는 것이다. 말하자면 그것은 어떤 수학자도 실제로 구성 가능성의 공리를 받아들이지 않는다는 사실이다. 그것은 장엄한 질서, 장엄한 세계이다. 거기서 모든 것은 구성 가능하다. 그러나 아무리 보수적이라 해도 수학자의 욕망은 이 장엄한 질서에 자극받지 않는다. 수학자의 욕망이란 명명과 구성 가능성의 명료한 질서를 넘어서 나아가는 것이기 때문이다. 수학자의 욕망, 그것은 수학적 괴물에 대한 욕망이다. 확실히 그 욕망은 어떤 법[칙]—법[칙] 없는 수학을 만들기는 어렵다—을 욕망하지만, 새로운 수학적 괴물을 발견하고자 하는 욕망은 그 법[칙] 너머에 위치한다.

그런 점에서 현대의 수학들은 고전적인 이론에 합류한다. 여러분은 필경 로마서 l'Épître aux Romains라는 성 바울의 유명한 텍스트를 알고 있다. 법과 욕망 사이의 직접적인 상관관계가 거기서 죄라는 이름으로 나타난다. "나는 법이 아니라면 죄를 알지 못했을 것이다. 왜냐하면 만일 법이 '너는 탐

내지 말라'라고 말하지 않았다면, 나는 탐욕을 알지 못했을 것이기 때문이다." 죄는 법의 규정의 저편에서 그리고 그 이후에 대상을 발견하는 그러한 욕망의 차원이다. 결국 그것은 이름 없는 대상을 찾는 것이나 다름없다.

수학적인 예는 특히 인상적이다. 괴델 이후, 구성 가능한 집합이 정의되고 대부분의 수학자들이 구성 가능성의 공리를 부정한 이후, 수학자의 욕망이라는 문제는 다음과 같은 것이 되었다. 구성 가능하지 않은 집합을 어떻게 찾을 것인가? 여러분은 즉시 매우 큰 정치적 효과를 갖는 난점을 발견한다. 그 난점은 이런 것이다. 명료한 기술도, 이름도, 분류 안에서의 자리도 없는 수학적 대상을 어떻게 발견할 것인가? 이름도 없고, 구성 가능하지도 않은 것을 특징으로 하는 대상을 어떻게 발견할 것인가? 지난 세기의 1960년대에 폴 코헨Paul Cohen은 구성 가능하지도 않고, 이름도 없으며, 술어들의 큰 분류 안에 자리를 갖지 않는 집합, 특수한 술어가 없는 집합을 명명하고, 확인하기 위한 복잡하고도 정교한 해법을 발견했다. 그것은 법의 영역 자체 안에서, 수학적 영역 안에서 일어난 법에 대한 욕망의 위대한 승리였다. 그리고 많은 것들과 마찬가지로, 이런 종류의 많은 승리와 마찬가지로, 그것은 1960년대에 일어났다. 코헨은 구성 가능하지 않은 집합에 '유적인' 집합이라는 멋진 이름을 부여했다. 그 창안은 1960년대의 혁명적 행동들 가운데 자리 잡는다.

우리는 마르크스가 자신의 해방을 위한 운동 안에 있는 인류를 '유적인 인류'라고 불렀다는 것, '프롤레타리아트'가, '프롤레타리아트'라는 이름이, 그 긍정적 형식 아래에 있는 유적 인류의 가능성의 이름이라는 것을 알고 있다. 마르크스에게 '유적'이라는 말은 인간 존재의 보편성의 생성을 명명하는 것이고, 프롤레타리아트의 역사적 기능은 인간 존재의 유적인 형식을 우리에게 맡기는 데 있다. 그렇게 마르크스의 정치적 진리는 유적 속성généricité의 편에 위치하는 것이지, 결코 특수성의 편에 위치하는 것이 아니다. 명백하게 중요한 것은 욕망이나 창조 또는 창안의 문제이지, 결코 법이나 필연 또는 보존의 문제가 아니다. 코헨에게─또 한편으로는 마르크스에게서와 마찬가지로─다수성과 집합들의 순수한 보편성은 정확한 정의나 명료한 기술의 편에서가 아니라 비-구성 가능성의 편에서 모색되어야 하는 것이다. 집합들의 진리는 유적이다.

이제 정치적인 차원에서 그 모든 것의 결과들에 대해 말해보자. 정치의 영역은 언제나 한편으로는 법과 구성 가능성의 변증법적 영역으로서, 그리고 다른 한편으로는 욕망과 유적 속성의 변증법적 영역으로서 구체적인 상황들 속에서 제시된다. 그러나 정치적인 분리가 문제인 것은 전혀 아니다. 법의 편에 있는 사람들과 마주하여 자신이 욕망의 편에 있다고 선언하는 사람들은 어디에도 없다. 정치적 투쟁은 직접적으로 유적 속성과 구성 가능성 사이의 투쟁이 아니다. 그러한 사고방식은 순전히 형식적이다. 실제로 우리에게 주어진 것은 법, 질서, 욕망, 유적 속성, 구성 가능성이 뒤섞인 복잡한 구성물이다. 예를 들어 파시즘은 전적으로 법의 편에 있지 않다. 경험적인 연구들이 보여주는 것처럼, 파시즘은 완전히 특수한 대상에 대한 욕망의 특별한 관념에 유리하도록 법을 전적으로 파괴한다. 민족적이고 인종적인 이 대상은 구성 가능하지도 유적이지도 않다. 그것은 단지 몇몇 다른 대상들의 부정, 파괴일 뿐이다. 결국 파시즘 속에는 죽음을 진정한 본질로 삼는 어떤 대상에 대한 가상적 욕망만이 존재한다. 그리고 파시즘의 실재는 죽음의 법으로서의 어떤 것인데, 그것은 유적 속성과 구성 가능성의 특수한 결합에서 연유한다. 중요한 것은 고전적 관념에서 혁명적 전망이 결코 순수한 욕망의 편에 위치하지 않는다는 점인데, 왜냐하면 혁명적 욕망의 내용물이란 법과 욕망 사이의 분리된 관계의 종식을 재현하는 유적인 인류의 실현이기 때문이다. 이 경우, 인류 그 자체의 창조적 긍정과 같은 무언가에 도달하기 위해, 추구해야 하는 목적은 법과 욕망의 융합으로서의 무언가이다. 우리는 그런 종류의 전망이 삶의 법칙이라고 말할 수 있을 것이다. 그렇게 파시즘과 혁명적 관념 사이의 고전적인 모순은 우리에게, 한편으로는 죽음의 법, 다른 한편으로는 삶의 법을 동반하는 유적 속성과 구성 가능성의 두 가지 다른 결합을 보여준다.

우리의 현재 상황을 기술하기 위해서는, 실제로 법과 욕망 사이의 변증법적 관계가 갖는 두 가지 큰 패러다임을 동원해야 한다. 첫 번째 패러다임은 법과 욕망의 통일이라는 생각이다. 이는 욕망 그 자체의 합법성을 엄격하게 제한하는 것을 통해, 올바른 욕망의 경계를 획정함으로써 가능하다. 그것은 사실상 구성 가능성의 공리에 부합한다. 우리는 오늘날 구성 가능성의 공리의 지배하에 있다. 다시 말해 존재하는 욕망은 정상적인 욕망의 명료한 명명으로 제한되고 있는 것이다. 반동적인 관념이란 욕망 그 자체에 대한 반동적 관념이지 순수한 대립, 법과 욕망의 불가피한 대립이 아니다. 핵심 개념은 욕망에 반대하는 법의 개념이 아니다. 그것은 정반대로 정상적인 욕망들―확실히 매우 열려 있기는 해도 우리가 종종 상상하는 것만큼 넉넉하지는 않은 정상적인 것에 대한 관념을 동반하는 욕망들―의 독재이다. 예를 들어 여러분은 대의제 민주주의가 세상 모든 대중의 정상적인 욕망이라고 가정할 수 있다. 엄밀한 의미로 그것은 여기서 정치적 욕망의 구성 가능한 관념이다. 단 한 가지 유형의 정치적 형상만이 모든 정치적 가능성의 구성 가능한 부분집합으로 인정된다. 그리고 여러분은 세계 전체에 이 국가 형식을 부과하기 위해 끔찍한 전쟁에 끼어들 수 있다. 여러분이 확인할 수 있는 것처럼, 그것은 법과는 아무런 관계가 없다. 실제로 그것은 큰 무질서를 유발한다. 이라크에서 그것은 법이나 질서의 문제가 아니라 피와 전면적인 무질서의 문제였다. 그러나 그것은 구성 가능한 선택이다. 목표는 완전히 명료하다고 가정된 정치적 이름의 구축을 도처에 성공적으로 부과하는 것이다.

그런 것이 첫 번째 입장이다. 두 번째 입장은 불법적이기는 하지만 유적인 무언가를 법 너머에서 탐색하는 것으로서의 욕망이라는 생각이다. 그 생각이 말하는 것은 정치적 보편성이란 언제나 새로운 관념의 발전, 사회적 현실의 새로운 결합의 발전이라는 것이다. 다시 말해 그것은 대접에 든 내용물의 완전한 변화인 것이다. 진정 그러한 새로운 결합이야말로 백인과 흑인, 남성과 여성, 서로 다른 국적을 가진 사람들, 부자들과 가난한 자들 등의 사이에서 일어나는 정치적 변화의 목적이다. 이 모든 것은 정해진 이름과 명료한 분리 저편에서 실행될 수 있다. 그것은 실천적 과정이며, 어떤 유적인 것을 창조하는 정치적 과정이다. 두 번째 관념 속에서 정치적 과정은 언제나 어떤 유적인 것의 국지적 창조이다. 코헨에게 그랬던 것처럼, 중요한 것은 유적인 것으로서의 삶 전체의 일부를 찾거나 또는 창조하는 것이다. 그런 경우에는 언제나 무언가 독재 같은 것이 있는데, 그것은 루소가 자유의 전제專制라고 부른 것이지만, 오늘날 그것은 오히려 평등의 전제이다. 정상적인 욕망이라는 이념에 반대하여, 우리는 언제나 이름 없는 것의 실존을 긍정하는 욕망의 투사적 이념을 옹호해야 한다. 그것이 우리의 역사적 존재의 공통부분인 한, 우리는 이름 없는 것의 실존을 그 역사적 실존의 유적인 부분으로 단언해야 한다. 바로 그것이 아마도 우리 시대의 혁명적 관념일 것이다. 그리고 그것은 그런 종류의 전환은 반드시 일반적이거나 총체적인 것이 아니라 국지적인 것이라는 가능성을 동반하는 관념이다. 그러므로 그것은 법에 반하는 욕망이 전혀 아니다. 나는 일반 의지의 문제를 오늘날 정치의 중심적인 문제라고 생각하는 슬라보예 지젝에게 완전히 동의한다. 나는 단지 형용사를 바꾸어 정상적인 욕망에 맞서 일반 의지가 아닌 유적인 의지를 내세울 것을 제안한다.

그처럼 나의 결론은 완전히 정치적이지는 않을 것이다. 내가 순수한 가능성의 영역에 처해 있을 때 자주 그런 것처럼 나의 결론은 시적詩的이다. 나는 여기에서 미국의 위대한 시인 윌리스 스티븐스에게 호소할 것이다. 사이먼 크리츨리Simon Critchley는 최근《사물은 단지 사물인 것이다Les choses sont simplement ce qu'elles sont》*는 제목이 붙은 윌리스 스티븐스에 관한 훌륭한 책을 썼다. 거기에서 제시되는 것은 전형적으로 시적이며 비정치적인 단언이다. 왜냐하면 정치적인 세계 안에서 사물들은 "단지 사물인 것"이 아니며, 사물은 결코 그렇지 않기 때문이다. 윌리스 스티븐스의 여러 시 중 하나에서 우리는 "궁극적인 믿음croyance은 허구에 대한 믿음이어야 한다"**는 구절을 발견한다. 그리고 실제로 우리 시대의 가장 어려운 문제는 새로운 허구의 문제라고 나는 믿는다. 우리는 허구와 이데올로기를 구별해야 한다. 왜냐하면 일반적으로 이데올로기는 과학, 진리 또는 현실과 대립하기

---

* Simon Critchley, *Things Merely Are: Philosophy in the Poetry of Wallace Stevens*, Routledge, New York, 2005. ─옮긴이

때문이다. 그러나 라캉 이래로 우리가 알고 있는 것처럼, 진리 그 자체는 허구의 구조 안에 있다. 진리의 과정은 또한 새로운 허구의 과정이다. 따라서 새롭고 위대한 허구를 찾는 것은 궁극적인 정치적 믿음을 갖는 가능성이다.

실제로 오늘날과 같이 세계가 어둡고 혼란스러울 때, 우리는 빛나는 허구를 통해 우리의 궁극적인 믿음을 지탱해야 한다. 도시 젊은이들의 문제는 그들에게 어떤 허구도 없다는 데 있다. 그것은 사회 문제와는 하등의 관계가 없다. 문제는 위대한 믿음을 떠받치는 위대한 허구가 없다는 것이다. 예를 들어 유적인 진리들에 대한 궁극적 믿음, 유적인 의지를 정상적 욕망들과 맞서게 하는 궁극적 가능성, 이러한 유형의 가능성과 그런 종류의 가능성에 대한, 유적인 진리들에 대한 믿음, 자! 우리의 새로운 허구란 이런 것이다. 아마도 난점은 우리가 고유명 없이 위대한 허구를 찾아야 한다는 것이리라. 설령 내가 그것을 증명할 수 없다 하더라도, 나는 그렇다고 확신한다. 지난 세기에는 정치적 영역에서의 위대한 허구적 배치들이 고유명을 가지고 있었다. 나에게 오늘날 우리의 문

---

** 이 구절은 스티븐스의 시, 〈오보에에 대한 혼잣말Asides on the Oboe〉에서 가져온 것이다. –옮긴이

제는 허구를 버리는 것이 아니라—왜냐하면 위대한 허구가 없다면 우리에게 궁극적인 믿음과 위대한 정치는 없을 것이기에—아마도 고유명 없는 허구를 갖는 것이다. 중요한 것은 대중, 계급, 정당 사이의 또 다른 배치, 정치적 영역의 또 다른 구성을 갖는 것이다. 왜냐하면 위대한 허구는 언제나 정치적 영역 그 자체의 재구성의 이름과 같은 어떤 것이기 때문이다. 계급투쟁의 매개를 통해 대중으로부터 고유명으로 향하는 공산주의라는 위대한 허구는 정치적 영역의 고전적인 혁명적 구성의 형식이다. 우리는 새로운 허구를 찾아야 하고, 유적인 무언가를 얻어낼 국지적 가능성에 대한 궁극적 믿음을 찾아야 한다.

같은 시집에서, 월리스 스티븐스는 또한 허구에 대해, 허구인 궁극적 믿음에 대해 쓴다. "그것은 가능하며, 가능하고, 가능하며, 가능해야만 한다."*** 바로 그것이 오늘날 우리의 문제다. 그것은 가능해야만 한다. 의심의 여지없이 용기의 새로운 형식에 대한 문제가 제기된다. 우리는 확실히 우리의 허구에 대한 실재적 가능성을 창조해야만 한다. 그 허

---

*** 이 구절은 스티븐스의 〈최상의 허구에 대한 노트Notes toward a Supreme Fiction〉에서 가져온 것이다. —옮긴이

구란 새로운 형식 아래에 있는 유적인 허구다. 새로운 위치 설정은 틀림없이 새로운 정치적 용기에 대한 문제다. 그 허구를 찾는 것은 정의와 희망의 문제다. 그러나 허구의 가능성이라는 문제는 용기의 문제다. 용기는 법으로도, 욕망으로도 환원할 수 없는 무언가의 이름이다. 그것은 그 일상적인 형식 아래에서 법과 욕망의 변증법으로 환원할 수 없는 주체성의 이름이다. 그런데 오늘날 정치적 행동의 장소—이론, 관념 또는 정치적 재현의 장소가 아니라 있는 그대로의 정치적 행동의 장소—는 정확하게 법이나 욕망으로 환원할 수 없는, 유적인 어떤 것의 장소, 유적인 의지로서의 어떤 것의 국지적 장소를 창조하는 어떤 것이다. 여기서 그 장소에 대해 스티븐스처럼 말해보자. 그것은 가능하며, 가능하고, 가능하며, 가능해야만 한다. 아마도. 우리는 새로운 허구의 가능성을 찾는 것이 가능할 것이라고 희망하며, 희망해야 한다.

투사를 위한 철학
**정치와 철학의 관계**

초판 1쇄 펴낸날 | 2013년 9월 17일
초판 2쇄 펴낸날 | 2019년 3월 12일

지은이 | 알랭 바디우
옮긴이 | 서용순
펴낸이 | 박재영
편집 | 임세현, 이정신
디자인 | 나윤영

펴낸곳 | 도서출판 오월의봄
주소 | 경기도 파주시 회동길 363-15 201호
등록 | 제406-2010-000111호
전화 | 070-7704-2131 · 팩스 | 0505-300-0518
이메일 | maybook05@naver.com
트위터 | @oohbom · 블로그 | blog.naver.com/maybook05
페이스북 | facebook.com/maybook05

ISBN 978-89-97889-27-3  93100